따뜻한 말이
교실을 바꾼다

따뜻한 말이 교실을 바꾼다

MZ 교장의 여섯 가지 언어 사용법

초판 1쇄 인쇄 2026년 4월 17일
초판 1쇄 발행 2026년 4월 27일

지은이 　윤영진
발행인 　강영란
사업총괄 　이진호

편집 　박관용 권지연
디자인 　트리니티
제작 　아이캔
물류 　신영북스

발행처 　샘솟는기쁨
주소 　서울시 중구 수표로2길 9 예림빌딩 402 (04554)
대표전화 　02-517-2045
팩스(주문) 　02-517-5125
홈페이지 　https://blog.naver.com/feelwithcom
전자우편 　atfeel@hanmail.net

ISBN 　979-11-92794-80-8 (03370)

VIVI2

교육자의 진심이
전해지는 말의 힘

학생의 주체성, 교사의 자발성과
전문성을 존중하는 리더십

저는 한국 독자들에게 늘 강조해 왔습니다. 학교의 질을 결정하는 것은 프로그램이 아니라 사람입니다. 아무리 훌륭한 커리큘럼을 운영하더라도, 학교는 교사의 질을 넘어설 수 없습니다. 그리고 교사의 질은 결국 리더의 자질에 깊은 영향을 받습니다.

윤영진 교장선생님의 책 『따뜻한 말이 교실을 바꾼다』는 바로 이 철학의 정수를 담고 있습니다. 교사들에게 훌륭함을 강요할 수 없다는 사실을 잘 알고 있는 저자는 교사들 스스로 훌륭해지고 싶도록 영감을 불어넣는 리더십을 보여줍니다.

특히 인상 깊은 점은 '자발성(voluntariness)'에 대한 집중입니다. 저의 연구에서도 훌륭한 리더는 모든 사람을 존중한다고 밝혔습니다. 저자는 여기서 한 걸음 더 나아가, '따뜻한 말'이야말로 존중을 전달하는 가장 강력한 도구임을 보여줍니다. 학교에서 따뜻함과 진심 어린 공감으로 말할 때, 그것은 긍정적인 필터로 작용하여 교사들이 '해야 해서'가 아니라 '하고 싶어서' 움직이게 만듭니다.

흔히 "교장이 재채기를 하면 학교 전체가 감기에 걸린다"고 말합니다. 그러나 교장이 따뜻함을 발산하면 학교 전체가 발전합니다. '소통하는 리더'로서 저자는 교사들의 마음을 얻을 때 교사 또한 학생들의 마음을 얻을 수 있다는 사실을 증명하고 있습니다.

이 책은 한국의 한 고등학교 이야기가 아닙니다. 시스템 관리 차원을 넘어, 진정으로 사람을 이끄는 리더이고자 하는 전 세계 교육 리더들을 위한 모범서입니다. 당신이 저처럼 '교육은 사람 장사(human business)'라고 믿는다면, 『따뜻한 말이 교실을 바꾼다』는 교사, 학생, 리더 모두가 함께 꽃피우는 학교를 위한 든든한 길잡이가 되어줄 것입니다. **토드 휘태커(Todd Whitaker)** | 인디애나 주립 대학교 명예 교수, 『훌륭한 교장은 무엇이 다른가』 『훌륭한 교사는 무엇이 다른가』 저자

디지털 대전환의 시대이다. 학교 경영에 관하여 AI에게 질문하면 전문가 못지않은 답변을 얻을 수 있다. 그러나 그 답변에는 경험을 통해 얻는 감동과 깨달음이 결여되어 있다.

인류가 경험을 통해 축적해 온 고유한 지식과 지혜를 우리는 암묵지(暗默知)라 부른다. 거대한 도서관에 비견될 만한 암묵지라 할지라도

그 주체가 사라지면 함께 소멸한다. 그러나 그 경험을 세상과 공유하고 이를 토대로 활용 가능한 지식으로 재구성할 때, 실현지(實現知)가 되는데, 암묵지를 실현지로 전환하는 방법은 그 경험을 기록하여 책으로 펴내는 일이다.

윤영진 교장의 저서 『따뜻한 말이 교실을 바꾼다』는 차갑게 식어 가는 학교 현장을 녹여내는 봄바람 같다. 교사, 장학사, 교감, 교장으로서 28년의 삶을 바탕으로 써 내려간 이 책은 사람의 온기가 가득한 '휴먼 다큐멘터리'다. 박사학위를 지닌 연구자의 시각에서 재구성하여 방향을 제시한, 이론과 실제가 어우러진 실현지이기도 하다.

저자는 아이들을 변화시키는 힘은 시스템이나 정책이 아니라 교사의 자발적 열정임을 단호히 주장한다. 그 열정은 교장의 따뜻한 말 한마디와 믿음에서 비롯된다고 역설한다. 학교 정문에서 학생들을 맞이하는 배움터지킴이 선생님으로부터 행정실 주무관에 이르기까지, 모든 구성원을 '교육자'로 존중할 때 학교는 비로소 거대한 꽃밭으로 변모한다. 그가 구축한 실현지는 학교 현장에 국한되지 않고 우리 사회 전체를 더욱 살 만한 곳으로 이끌 것이다. 윤영진 교장이 건네는 따뜻한 말들이 독자들의 마음에 스며들어, 우리 교육현장 곳곳에 다시금 사람의 온기가 흐르기를 소망한다. **박남기** |전 광주교육대학교 총장, 교육부 교육정책자문위원회 디지털 교육혁신분과 위원장, 『생성 AI 시대 최고의 교수법』 저자

그 어느 때보다 복잡하고 혼란스러운 학교 현장입니다. AI의 급속

한 확산, 학습자의 다양성 중대, 교권 추락, 교육격차 등은 학교구조와 교사 역할에 근본적인 변화를 요구하고 있으며, 교육 공동체 구성원 간의 갈등과 반목은 서로를 더욱 힘들게 하고 있습니다. 이 책은 이러한 혼란 속에서 교육의 방향과 관련해 가장 중요한 것이 무엇인지에 대한 실천적 답을 제시합니다. 바로 '교장의 언어', 학교를 이끄는 리더가 어떤 가치관과 태도로 말하고 듣는가에 따라 학교 교육이 변화될 수 있다는 희망의 메시지를 담고 있습니다.

저자는 교사, 교감, 전문직, 교장으로 살아오며 학교가 '제도' 이전에 '사람의 마음'으로 움직이는 생태계임을 체험했습니다. 특히 사용하는 언어가 교사와 학생의 성장을 어떻게 촉진하거나 저해하는지를 교육활동 경험 사례를 통해 증언합니다. 학교 구성원과의 과정에서 터득한 '여섯 가지 언어 사용법'은 교장뿐 아니라 교육계 모두에게 큰 울림을 줍니다. 이러한 접근은 학생의 주체성, 교사의 자발성과 전문성을 존중하는 리더십에 기반한 것으로, 단지 제언이 아니라 언어를 통해 구성원의 사고와 행동을 변화시킨 실천 사례라는 점에서 의미가 큽니다. 나아가 학부모 민원 대응, 교사의 실수 수용, 자율성 부여 등 구체적 상황에서 어떤 언어를 선택해야 학교 문화가 성장 중심으로 전환되는지를 보여주며, 교장의 언어가 또 하나의 정책이자 문화가 되어 학교를 변화시킬 수 있음을 실증합니다.

서사의 이 책은 '관계', '다양성', '교육의 본질'이라는 세 가지 주제를 관통합니다. 언어를 통한 관계 정립뿐 아니라 학생들의 고유한 재능과 결을 억누르지 않는 것이 학교의 역할이라는 메시지, 아이들이 자신의 속도와 빛깔대로 성장하도록 돕는 일이 교육의 목적이자 본질임을 보여줍니다. 궁극적으로 학교와 교육을 살리는 길이 무엇인지를 안내하며, 거창한 정책보다 사람을 이해하고 존중하는 언어, 그리고 그것을 실천하려는 리더의 용기가 필요하다는 통찰을 담고 있습니다.

이 책이 전하는 언어의 힘과 따뜻한 철학이 더 많은 학교에 스며들어, 더 많은 아이들이 존중받고 사랑받는 공간에서 자신의 빛을 마음껏 드러낼 수 있기를 기대합니다. **김병찬** | 한국교육학회 선임부회장, 경희대학교 교수, 『어떻게 교사 리더십을 발휘할 것인가?』 저자

우리는 흔히 '그 사람을 안다'고 말하지만, 저는 '알아가는 중'이라는 표현을 더 좋아합니다. 한 사람을 온전히 안다는 것은 불가능에 가깝습니다. 결국 만나서 대화하고 함께 시간을 보내며, 특별한 순간이 아닌 평범한 일상 속 언어와 행동을 통해 그 사람을 알아가게 됩니다.

과천중앙고등학교에서 2년 넘게 윤영진 교장선생님과 함께하며 여전히 '알아가는 중'입니다. 가장 인상 깊었던 장면은 졸업식에서였습니다. '3년 개근상'을 받은 학생들의 성실함을 칭찬해 달라고 요청하는 모습, 특수학급 졸업생들을 일일이 호명하며 '참 자랑스럽다'고 말씀하신 순간, 그 아이들은 특별하면서도 동시에 보통의 학생으로 인정받을 수 있었습니다. 교사들을 대하실 때도 따뜻했습니다. 제가 실수를 했을 때 '나는 평교사 시절에 더 큰 실수를 했었다. 걱정 말라'

며 다독이셨고, 수업을 마치고 돌아왔을 때 책상에 놓인 교장선생님의 손글씨 엽서는 지금도 잊지 못할 기억입니다.

『논어』「이인(里仁)」 편에서 공자가 '나의 도는 하나로 꿰뚫는다(吾道一以貫之)'라고 했듯이, 교장선생님의 삶을 관통하는 것은 결국 '사람'이었습니다. 관계, 존중, 믿음과 사랑이 일상 속 언어와 행동으로 드러났습니다.

이 책을 읽으며 제가 목격한 따뜻한 순간들이, 학교를 향한 치열한 고민과 '말 한마디'의 무게를 아는 교육자의 진심임을 깨달았습니다. 책 속 언어들이 교실을 어떻게 숨 쉬게 하는지를 더 많은 이들이 느끼길 바랍니다. 현장의 교사들에게는 위로를, 아이들에게는 희망을 주며, 더 나은 학교를 꿈꾸는 모든 이들에게 든든한 지침서가 되기를 바랍니다. **류진무** | 과천중앙고등학교 교사

따뜻한 말은
존중에서 시작됩니다

학교는 언제나 시대의 온도를 품고 있습니다. 정책이 바뀌면 교실의 공기가 흔들리고, 구호가 바뀌면 교사의 언어가 달라집니다. 그러나 그 모든 변화에도 아이들은 여전히 교사의 눈빛을 읽고, 교사는 여전히 아이의 숨결을 느끼며 하루를 시작합니다.

저는 스물여덟 해 동안 교사로서, 교감으로서, 그리고 지금은 교장으로서 학교 공간에서 살아왔습니다. 학교는 행정의 대상이 아니라 사람과 사람 사이의 관계로 이루어진 살아 있는 생태계임을 몸으로 배우고 마음으로 실천하게 되었습니다.

오늘날 교육현장은 더 복잡하고 다층적인 과제를 안고 있습니다. 학습자의 다양성과 교육격차 문제는 해결되지 않은 채, 인공지능과 디지털 기술의 확산은 교육 방식과 내용을 근본적으로 바꾸고 있습니다. 이 변화는 교사의 신념을 흔들고 학교의 방향을 흐리게 만들고 있으나 '학교는 결국 사람이다'라는 믿음을 놓지 않고 있습니다.

교장의 자리는 누군가를 판단하거나 지시하는 자리가 아니라, 교사와 학생, 학부모와 행정 사이의 온도를 조율하는 자리입니다. 말하기보다 듣기를, 지시하기보다 기다리기를, 권위보다 존중을 선택하는 리더십을 실천하고자 하였습니다. 실제로 학교를 움직이는 것은 사람의 마음이었습니다. 그 마음은 말 한마디, 눈빛 하나, 기다림의 자세로 전해집니다. 학교는 제도와 규칙으로 움직이는 조직이지만, '마음으로 움직이는 학교'여야 한다고 믿고 있습니다.

이 책은 이러한 철학을 바탕으로 구성되었습니다. 1장은 교사를 춤추게 하는 자율성을 다루었고, 2장은 서로 꽃이 되는 관계, 3장은 교육 본질, 4장은 행복한 학교를 꿈꾸게 하는 리더십, 5장은 교장이 학교 구성원을 대할 때 지켜야 할 여섯 가지 언어 사용법, 6장은 다양성을 중심 키워드로 집필했습니다.

영하 7도의 날씨에도 운동장은 축구하는 아이들의 땀방울로 뜨겁습니다. 담장 밖 어른들의 세상이 차갑게 갈라져 있어도, 학교는 아이들이 꿈을 꾸는 가장 따뜻한 온실입니다. 어느덧 교장 3년 차에 접어들었습니다. '따뜻한 말이 교실을 바꾼다'라는 제목이 부끄럽게 합니다. 저는 부족한 사람이기 때문입니다. 다만 확실한 것은 학교를 바꾸고 교실을 바꾸는 힘은 교장 한 사람의 카리스마가 아니라, 실수를 인정하고 먼저 손 내미는 따뜻함에서 나온다는 사실을 전하고자 했습니다.

아이들을 '멋진 어른'으로 키우는 힘은 시스템이나 제도가 아니라 교사의 자발성에서 비롯되고, 그 자발성은 리더의 따뜻한 말과 존중에서 시작됩니다. 아무리 좋은 정책이라도 사람의 마음을 얻지 못하면 모래성처럼 무너집니다. 바로 이것이 책에서 전하고 싶은 메시지입니다.

학교는 치열한 공간입니다. 교사의 말 한마디가 아이에게 용기와 희망을 주는 약이 되기도 하고, 때로는 상처가 되기도 합니다. 그 무게를 견디며 오늘도 교실을 지키는 선생님들에게, 한 사람의 동료로서 따뜻한 위로를 전하고 싶습니다. "선생님, 애쓰지 않으셔도 됩니다. 지금도 충분히 훌륭합니다."

이 책의 독자는 교장에게 국한되지 않습니다. 교실에서 학생을 가르치는 선생님, 교사가 교육과정을 잘 운영할 수 있도록 지원하는 교감 선생님 모두 독자입니다. 우리 아이들이 건강하고 멋진 시민으로 성장하기 위해서는 학교의 모든 교육자는 리더의 자질을 가져야 하기 때문입니다. 아이들을 가르치는 교육자라면 누구나 공감할 수 있는 책입니다.

또한 이 책은 전문적인 학교 경영서가 아닙니다 정책이 쇼윈 너머 사람의 마음을 듣고자 했던 자칭 MZ 교장의 기록입니다. 교장실에서 시작된 작은 변화들이 어떻게 학교 전체의 온도를 바꾸었는지를 담은

사유의 흔적입니다. 교사에게는 위로와 공감을, 교장에게는 성찰과
실천의 용기를, 학부모에게는 학교에 대한 신뢰를 전하고자 했습니
다. 학교를 더 사랑하게 되기를 바랍니다.

저자 윤영진

(자율성)

자율성은 교사를
춤추게 합니다

강요된 의무감으로는 결코
교실을 따뜻하게 만들 수
없습니다.
교사가 행복하게 웃을 때,
학교는 가장 단단해집니다.

1. 교사의 자존심을 살리는 방법

1차 지필고사가 무사히 끝났다. 나는 '기말고사 치르느라 고생 많으셨습니다. 특히 주관 부서인 교무부와 연구부 선생님들 애 많이 쓰셨습니다'라는 격려 메시지를 모두에게 보냈다. 시험 한 번을 치르기 위해 교사들은 오랜 시간 문제를 출제하고 검토와 점검까지 수많은 과정을 거쳐야 한다. 그 고충을 잘 알고 있었기에 진심을 담아 고마움을 표현했다.

"따르르릉! 따르르릉!"

그때였다. '시험이 무사히 끝났구나' 하고 안도하는 순간, 교장실 전화벨이 신경질적으로 울렸다. 이 시간에 교장실 전화벨이 울린다는 것은 십중팔구 시험 관련 민원이라고 직감했다.

"선생님! 수능 기출문제를 1학년 학생들에게 출제해도 되는 겁니까? 이거 킬러문항이잖아요! 문제를 이렇게 어렵게 내서 우리 아이 대학 못 가면 책임질 겁니까?"

수화기 너머의 학부모는 자신이 누구인지, 몇 학년 학부모인지 밝히지도 않은 채 다짜고짜 목소리를 높였다. 화난 목소리에 시험이 무사히 끝났다는 안도감은 순식간에 사라졌다.

"학부모님, 해당 시험이 몇 학년 어떤 과목인지 알려주실 수 있겠습니까?"

나는 최대한 평정심을 유지하며 물었다.

"아니, 교장선생님이면 학교에서 수능 기출문제를 낸 과목 정도는 알아야 하는 거 아닙니까? 아무튼 납득할 만한 조치를 취하지 않으면 교육청에 바로 민원을 넣겠습니다. 뚜뚜뚜…."

학부모는 일방적으로 전화를 끊었다.

토드 휘태커 교수는 '훌륭한 교장은 부정적인 것(Negatives)은 걸러내고, 긍정적인 것(Positives)은 공유한다. 선생님들이 불필요한 비난이나 문제에 휩쓸리지 않도록 보호하는 것이 교장의 역할'이라고 하면서[1], 교사 본연의 업무 수행을 저해하는 외부 민원을 잘 처리하는 것이 교장의 중요한 책무라고 강조하였다.

부정적인 것의 대표적인 사례가 바로 민원이다. 그래서 교장은 민원이 제기되었을 때 처신과 처리를 잘해야 한다. 처신(處身)은 민원인을 대하는 나의 태도를 의미하고, 처리(處理)는 요구사항에 대한 해법을 뜻한다. 교장이 학부모의 민원에 지나치게 민감하게 반응하면 교사의 사기가 꺾일 수밖에 없다. 반대로 교사의 입장만 고려해 민원을 처리하면 정당한 요구를 외면했다는 비난을 피하기 어렵다. 이런 경우 학부모는 교육청에 민원을 제기할 수도 있다. 하지만 외부 기관의 개입은 오히려 교육적 해결을 방해할 수 있다.

학부모 민원 해결이 까다로울 때는 학교 교육의 본질을 염두에 두고 판단해야 한다. 그것은 곧 '학생의 입장에서, 학생을 중심에 두고, 어떻게 하는 것이 아이들의 바람직한 성장에 도움이 되는가'를 헤아려 결정하는 것이다.

신기하게도 수화기를 내려놓자마자 해당 교사가 나를 찾아왔다.

"수능 기출문제에서 지문만 가져왔을 뿐 문제는 새로 만들었고, 수업시간에 미리 공지까지 했습니다."

교사는 차분히 이유를 설명했다. 그리고 "학생들 실력을 평가하기에 좋은 지문이라고 생각했습니다."라고 덧붙였지만, 안타깝게도 선생님의 어깨는 축 처져 있었다.

"선생님 말씀을 듣고 보니 그 지문을 선택한 교육적 이유가 충분히 이해됩니다. 선생님의 출제 의도를 알 수 없는 학부모는 아이의 말만 듣고 민원을 제기한 것 같습니다. 누구보다 열정적으로 가르치시는 선생님이 이런 오해를 받게 되어 교장으로서 마음이 참 아픕니다."

나는 진심을 담아 위로의 말을 건넸다. 수업이나 평가와 관련된 민원은 교사와 이야기할 때 특히 까다롭다. 자칫 교사의 뜨거운 열정을 꺾어버리거나 교사로서의 자존심에 상처를 줄 수 있기 때문이다.

"학부모님, 확인해보니 기출문제를 활용한 것은 맞습니다. 하지만 5년 전 문제이고, 수업시간에 아이들에게 충분히 설명했다고 합니다. 무엇보다 교육과정 성취 기준에 딱 맞는 좋은 지문이라 선택했다고 합니다."

나는 학부모에게 직접 전화해 설명했다. 그날 이후 학부모의 민원은 더 이상 없었다. 흥미로운 사실은 학부모기 그토록 '킬러문항'이라 주장했던 그 문제의 정답률이 무려 73%였다는 점이다. 학부모는 100

명 중 73명이 맞힌 문제를 두고 킬러문항이라 주장했던 것이다.

2. 당신은 선생님입니다

블랙독 신드롬(Black Dog Syndrome)이라는 말이 있다. 단지 색이 검다는 이유만으로 검은개가 입양을 기피당하는 현상을 뜻한다. 2019년 tvN에서 방영된 〈블랙독〉은 편견에 갇힌 기간제교사들의 현실을 적나라하게 보여준 드라마였다. 주인공 고하늘은 자신의 처지를 한탄하며 말한다.

"선생님, 저 그냥 선생님 하면 안 돼요? 기간제니 뭐니 그런 거 말고, 그냥 선생님요."

독일 철학자 악셀 호네트(Axel Honneth)의 인정이론에 따르면, 인간의 자아정체성은 타인으로부터 인정을 통해 비로소 완성된다고 볼 수 있다.[2] 한 개인이 공동체의 일원으로서 자부심을 느끼기 위해서는 자신이 기여한 바를 정당하게 평가받는 사회적 인정이 필수적이다. 주인공의 이 짧은 대사는 고용 형태로 인한 차별이 아닌 학교에서 자신의 역할에 대한 정당한 인정과 평가를 해달라는 갈망을 담고 있다.

나는 교장으로서 기간제교사에 대해 사소한 부분까지 세심하게 살피려 노력한다. 예를 들어 전입 교사를 소개할 때 담당자가 실수로 고용 형태를 구분한 자료를 가져오면 즉시 수정하라고 조언한다. 아이들을 가르치는 모든 교사는 마땅히 '선생님'이라는 이름으로 불려야 하기 때문이다.

또한 교사들 사이에 갈등이 생겼을 때는 그 원인을 최대한 객관적으로 바라보려 한다. 기간제교사는 학교에서 자기 목소리를 당당히 내기 어려워 손해를 보더라도 침묵하는 경우가 있기 때문이다. 이런 상황에서는 해당 교사를 따로 불러 마음을 달래주려 애쓴다.

드라마 〈블랙독〉에서 베테랑 교사 박성순은 새로 전입한 기간제교사에게 이렇게 말한다.

"어떤 이유로든 학교 문을 넘었다면, 당신은 선생님입니다. 애들한테는 기간제니 정규직이니 그런 거 중요하지 않아요. 당신이 가르치는 사람이냐 아니냐가 중요하지."

이 말은 학교 구성원 모두가 지녀야 할 태도를 잘 보여준다. 특히 교장이 이러한 관점으로 진정성 있게 대우할 때, 교사는 학교에 대한 강한 소속감을 느끼며 자신의 교육적 신념을 펼칠 수 있다.

괴테의 장편소설 『빌헬름 마이스터의 수업시대 2』가 보여주는 인간관[3]과 맞닿은 말로 흔히 다음과 같은 명언이 인용된다.

"우리가 사람들을 있는 그대로만 대한다면, 우리는 그들을 더 나쁘게 만드는 것입니다. 그러나 우리가 그들을 마땅히 되어야 할 모습(잠재력)으로 대우한다면, 우리는 그들을 그들이 도달할 수 있는 곳으로 이끌게 됩니다."

그는 사람을 미래의 잠재력으로 평가해야 한다는 원칙을 제시했다. 나 또한 기간제교사를 차별하지 않고 잠재력을 지닌 온전한 교사로 평가하려고 노력한다. 그들이 더 행복하고 더 성장하길 바란다. 임용시험을 준비하는 교사에게는 '충분히 멋진 교사가 될 것'이라며 용기를 준다.

실제로 나와 함께 근무하며 사회적 인정을 받았던 많은 교사가 임용시험에 최종 합격해 당당한 정교사로 거듭나는 과정을 지켜보았다. 또한 계약이 만료되어 다른 학교로 가는 교사를 위해 규정에 어긋나지 않는 범위 내에서 장점을 적극 홍보하기도 한다. 이것은 함께 고생한 동료에 대한 나만의 예우이다.

2월 송별회 자리에서 한 기간제교사가 수줍게 편지를 건넸다.

교장선생님, 솔직히 말씀드리면 예전 학교에서는 아침마다 도살장에 끌려가는 기분으로 출근했지만, 이곳에서는 늘 편안한 마음으로 학교에 올 수 있었습니다. 저를 인간적으로 존중해 주서서 너무 고맙습니다. 바쁘신 와중에 제가 정말 필요한 순간에 진짜로 신경 써 주신 분은 교장선생님이었습니다. 감사합니다.

학교는 단순히 지식을 전달하는 장소가 아니라, 사람이 만나 서로의 인격을 존중하며 더불어 숲을 이루는 공간이다. 드라마 〈블랙독〉의 주인공은 결국 자신을 가두던 편견의 벽을 넘어 진정한 교사로 성장한다. 나와 함께 근무한 모든 기간제교사도 매일 아침 교문을 들어설 때 도살장으로 끌려가는 공포가 아닌, 아이들을 만나는 설렘과 교사로서의 자긍심을 느낄 수 있기를 바란다. 오늘도 나는 제도의 사각지대에 놓인 교사들이 자신의 전문성을 마음껏 발휘할 수 있도록 심리적 안전지대를 구축하려고 노력하고 있다.

3. 지쳐 있는 교사의 마음도 살펴야 한다

아이들에게 학교는 사회화를 위한 중요한 공간이다. 그래서 학교를 흔히 사회의 축소판이라 부른다. 어떤 이는 학교를 '총성 없는 전쟁터'라 하고, 또 다른 이는 '감정 노동의 집약체'라 비유한다. 전자는 치열한 경쟁 속에 놓인 학생들의 현실을 의미하고, 후자는 수많은 학생과 학부모를 상대하며 감정 소모를 겪는 교사들의 어려움을 대변하는 표현이다.

어느 날 오후, 교무실에서 학생 한 명이 집기를 던지며 난동을 부리고 있다는 학년부장의 긴박한 전화를 받았다. 학생을 교장실로 데려오라고 했다. 교장실로 들어온 준태는 성난 맹수처럼 거친 숨을 내쉬고 있었고, 그 뒤를 따른 담임교사는 머리카락이 헝클어진 채 얼굴이 사색이 되어 있었다. 나는 흥분한 학생과 교사를 빨리 분리해야겠다고 판단해 담임교사를 교무실로 돌려보냈다.

준태의 속마음을 알아보기 위해 망고주스를 건네며 "오늘 점심은 어땠니?"와 같은 일상적인 대화를 시도했다. 교육 전문가 김성효는 '교사가 학생의 감정을 수용하고 안정적인 언어를 사용할 때, 비로소 학생은 교사를 신뢰하여 자신의 속마음을 드러낸다'고 하였다.[4] 화가 풀린 준태는 학교 다니기 싫은데 선생님이 체험학습을 허락해 주지 않아서 화를 냈다고 말했다.

나는 이미 준태의 상태를 알고 있었다. 작년부터 친구 관계에 어려움을 겪고 수업을 잘 따라가지 못해 겉돌고 있었으며, 그 때문에 학교를 자주 빠진다는 이야기를 들었다. 나는 준태에게 세 가지 약속을 제안했다. 나쁜 짓을 하지 않고 건강하게 체험학습을 할 것, 체험학습이 끝난 뒤 학교에 오기 싫더라도 한 시간은 머물다 집에 갈 것, 그리고 필요하면 언제든 교장실을 찾아올 것. 이 세 가지를 지킨다면 체험학습을 허락하겠다고 했다. 곰곰이 생각하던 준태는 약속을 지키겠다고 했다.

상황이 일단락되자 나는 준태를 교실로 돌려보내기 위해 교장실 문을 열었다. 그런데 담임교사는 교무실로 돌아가지 않고 문 앞에서 기다리고 있었다. 그는 준태를 직접 데려가겠다며 아이와 함께 교실로 향했다.

한참 후 담임교사가 다시 교장실로 들어왔다.

"선생님, 정말 고생 많으셨습니다. 많이 힘드시죠?"

"네… 교장선생님. 솔직히 많이 힘듭니다."

선생님은 깊은 한숨을 내쉬며 대답했다. 자세히 보니 눈가에 그간의 마음고생을 말해주는 듯 눈물이 맺혀 있었다. 나는 선생님을 안심시키려 밝은 목소리로 말했다.

"걱정하지 마세요. 제가 잘 달래서 보냈습니다. 앞으로 잘하겠다고 굳게 약속도 했고요. 아까 보셨죠? 들어올 때와 달리 나갈 때는 표정이 훨씬 밝아졌습니다."

그러자 선생님은 조용히 말했다.

"그런데 교장선생님… 제 마음은 누가 달래주나요?"

순간, 돌에 머리를 맞은 듯 정신이 아찔했다. 학생의 마음을 살피는 데만 급급했지, 정작 맹수에게 잡힌 사슴처럼 갈기갈기 찢겼을 선생님의 속마음을 미처 헤아리지 못한 것이다. 나는 황급히 수습하려 말했다.

"잘 알고 있습니다. 선생님이 얼마나 애쓰시는지요. 담임으로서 아이들을 위해 이른 아침부터 밤늦게까지 헌신하고 계시다는 것, 누구보다 잘 압니다."

그러나 나의 말은 큰 위안이 되지 못한 듯했다.

"교장선생님, 감사합니다."

선생님은 천근만근의 몸을 이끌고 긴 한숨을 내쉬며 교장실을 나갔다.

일부 연구에서는 교사들이 겪는 고통을 대리외상과 복합외상의 관점에서 논의한다.[5] 이들 연구는 "교사는 학생의 고통을 대리 체험하며 상처받을 뿐만 아니라, 그 과정에서 적절한 보호나 지지를 받지 못할 때 존재론적 위기를 겪는다"고 분석했다.

나는 학생 한 명만 돌보는 데 급급했다. 그 과정에서 상처 입은 교사의 마음은 미처 살피지 못했다. 선생님의 입에서 '힘들다'는 말이 나오기 전에, 이미 복합외상을 겪고 있던 그에게 위안과 지지를 적극적으로 표현했어야 했다.

교사의 긍정적 자아는 가르침을 위한 가장 중요한 도구이다. 자아를 온전히 돌보지 못하면 교사 자신뿐 아니라 학생에게도 좋지 않은 결과를 초래한다. 교육학자 파커 파머(Parker J. Palmer)는 교사가 자신을 돌보는 것은 결코 이기적인 행동이 아니라고 강조한다.[6] 이것은 결국 내가 타인에게 줄 수 있는 유일한 선물은 바로 '나 자신'을 잘 관리하는 것을 의미한다.

리더인 교장은 교사들에게 무조건적인 헌신을 요구해서는 안 된다. 교사들이 스스로를 잘 돌볼 수 있도록 환경을 마련하고, 무엇보다 마음과 영혼이 소진되지 않도록 든든한 울타리가 되어야 한다.

세계적인 교육학자 앤디 하그리브스(Andy Hargreaves)는 "가르침은 본질적으로 감정적인 실천이며, 교사는 학생 및 리더와의 관계 속에서 형성되는 감정적 지형(Emotional Geographies)에 따라 깊은 심리적 영향을 받는다"고 주장했다. 그는 "감정적 지형은 인간 상호작용의 지도와 같다. 리더가 교사의 감정적 지형을 이해하지 못하고 물리적·정치적 거리만 유지할 때, 교사는 감정적 소외를 경험하며 이는 곧 가르침에 대한 열정의 상실로 이어진다"[7]고 분석했다.

학교에서 학생의 교육활동 침해 사안이 발생하면 교사는 공포와 무력감을 느끼게 되고, 이는 교장과의 감정적 거리를 더욱 멀게 만든다. 선생님의 "제 마음은 누가 달래주나요?"라는 말은 이미 감정적 거리가 멀어졌음을 보여준다. 결국 교장이 교사의 감정적 고통을 이해하고 지지하려는 노력은 학교 공동체의 감정적 지형을 건강하게 되돌리기 위한 필수과정이다. 교사가 리더로부터 정서적 안전망을 보장받을 때, 다시 교실로 돌아갈 힘을 얻게 된다.

다음날 아침, 나는 따뜻한 제주 말차라테와 비스킷 하나를 챙겨 선생님을 찾았다. 화려한 수사나 행동보다 중요한 것은, 지금 이 순간 선생님의 노력과 고통을 교장인 내가 알고 있다는 신호를 보내는 일이었다.

"선생님, 지금도 충분히 잘하고 계십니다. 너무 애쓰지 마세요."

나의 서툰 한마디가 선생님에게 회복의 언어가 되어 시린 마음을 데워주기를 간절히 바랐다.

4. 지식이 아니라 삶을 가르치는 수업

지난 두 달 동안 선생님들의 공개수업이 있었다. 나는 출장 등 불가피한 일정을 제외하고는 모든 수업을 빠짐없이 참관했다. 교장이 교사의 50분 수업을 처음부터 끝까지 지켜보는 일은 쉽지 않지만, 공식적인 공개수업은 교사와 학생이 어떻게 눈을 맞추고 상호작용하는지 생생하게 확인할 수 있는 귀한 기회다.

사람들은 흔히 교사를 의사나 변호사와 비교하며 전문직의 책무성을 강조한다. 수술실과 법정에서의 행위가 투명하게 공개되듯, 교실 또한 그래야 한다는 논리다. 그러나 나는 이러한 비교가 교육의 본질을 간과한 것이라 생각한다.

미국의 교육학자 엘리엇 아이즈너(Elliot W. Eisner)는 "수업은 예술적 행위이다. 교사는 마치 예술가처럼 수업의 순간순간에 즉흥적으로 대응하며, 자신만의 독특한 방식으로 의미를 창조하기 때문"[8]이라고 하였다.

의료나 법률 서비스가 특정 문제 해결을 위한 기술적 처방에 집중한다면, 교육은 한 인간을 온전히 빚어내는 전인적 과정이다. 수십 명의 아이들과 실시간으로 호흡하며 지식과 감정을 교류하는 수업은 아이즈너가 말한 예술적 창조의 영역이다. 교사는 이미 매시간 교실이라는 공간에서 학생들에게 자신의 예술적 행위를 투명하게 공개하고 있는 셈이다.

교사의 전문성은 단순히 교과서 지식을 잘 설명하는 데 있지 않다. 진정한 전문성은 교사 자신의 경험과 철학을 지식과 버무려 학생의 삶 속에 스며들게 하는 힘에서 나온다. 그래서 나는 공개수업을 마친 교사들과 교과서 지식보다 더 중요한 '삶인(=人) 교육'의 지향점을 함께 나눈다.

첫째는 인성(人性) 교육이다. 교육학자 토마스 리코나(Tomas Lickona)는 인격이란 단순히 아는 것에 그치지 않고, 느끼고 행동하는 것까지 포함하는 통합적 체계라고 보았다.[9] 명문대 진학이라는 단기적 목표보다 중요한 것은 타인을 존중하고 자신의 말과 행동에 책임지는 사람으로 성장하는 것이다. 교과서 속 지식이 훌륭한 인격으로 승화되어 삶의 태도로 나타날 때, 아이들은 사회에서 인정받는 성숙한 어른이 될 수 있다.

둘째는 인생(人生) 교육이다. 교사는 지식만을 가르치는 사람이 아니라, 자신의 삶을 가르치는 수업을 해야 한다. 교사의 삶 자체가 가장 훌륭한 교과서라는 믿음 때문이다. 학창시절 윤리선생님이 무심히 던진 인생 이야기에 감동하여 내가 교육자의 길을 꿈꾸었듯, 교사의 진솔한 삶의 고백은 아이들의 인생을 바꾸는 위대한 수업이 될 수 있다.

셋째는 인간(人間) 교육이다. 4차 산업혁명의 파도 속에서 교사는 인간만이 지닌 고유한 인간다움을 가르쳐야 한다. 자신을 사랑할 줄 알고, 공동체의 아픔에 공감하며, 생태계와 어떻게 공존할 수 있을지를 고민하는 학생으로 길러내는 것, 이것이야말로 인공지능시대에 교사가 학생에게 가르쳐야 할 최우선 과제다.

지식 전달은 인공지능이 더 효율적으로 잘하는 시대다. 그러나 교사의 따뜻한 눈빛과 삶의 철학이 담긴 목소리는 그 무엇으로도 대체할 수 없다. 지성에 인성을 더하는 교육, 교사의 삶과 학생의 삶이 맞닿는 수업을 통해 내가 학창 시절 경험했던 것처럼, 우리 학생들도 인생이 바뀌는 기적을 우리 학교 교실에서 경험하기를 바란다.

5. 교사는 언제 가장 행복할까?

교육이란 학생들이 건전한 시민으로서 자신의 삶을 주체적으로 살아갈 수 있도록 돕는 모든 활동을 말한다. 흔히 교육을 교실에서 이루어지는 교사와 학생 간의 상호작용으로 한정 짓지만, 나는 학교 정문을 통과하는 모든 사람이 교육자라고 생각한다. 아이들에게 삶을 가르치는 것은 수업하는 교사만의 몫이 아니기 때문이다.

성실하게 행정 업무를 처리하는 주무관, 정성껏 음식을 준비하는 급식조리사, 학교의 청결을 책임지는 직원 모두가 각자의 자리에서 아이들에게 삶의 태도와 가치를 몸소 보여준다. 학교에 있는 어른들의 말 한마디와 행동 하나가 아이들에게는 교과서보다 더 선명한 살아 있는 수업이 된다.

나는 늘 '우리 학생들은 언제 진정으로 행복한가?'라는 질문에 답을 찾으려 한다. 아이들은 친구들과 함께 맛있는 급식을 먹을 때 가장 행복하다. 반면 좋아하지 않는 반찬이 나오는 날은 얼굴을 잔뜩 찌푸린다. 또 관계 속에서 소외되지 않고 친구들과 잘 어울리며 학교생활을 할 때 행복하다. 복도에서 친구와 게임 이야기를 나누며 왁자지껄하게 떠드는 순간이 그렇다.

마지막으로 수업시간에 배움의 즐거움을 느낄 때 행복하다. 배움의 즐거움은 성적의 높고 낮음과 상관없이, 수업에 주도적으로 참여해 새로운 지혜를 얻을 때 나타나는 감정이다. 학생의 행복은 교사의 행복과 직결된다. 특히 아이들이 배움에서 행복을 느낄 때 교사도 가르침의 보람을 느낀다.

나 역시 평교사 시절을 돌아보면 가장 빛나는 순간은 언제나 학생과 함께하는 교실이었다. 내가 설계한 수업에 학생들이 잘 따라올 때, 초롱초롱한 눈빛으로 질문을 던질 때의 기쁨은 교사만이 느낄 수 있는 최고의 희열이었다.

결국 교사에게 있어 최고의 행복은 교실에서 자신의 수업 전문성이 온전히 발휘되어 학생이 성장하는 순간에 찾아온다. '교육시스템의 질은 그 시스템에 종사하는 교사들의 질을 넘어서지 못한다'[10]는 이 명제는, 아이들을 건강한 어른으로 성장시키기 위해서는 무엇보다 교사가 수업전문가로서 최고의 역량을 발휘할 수 있는 환경을 보장해야 함을 시사한다.

교사의 질은 단순히 지식의 양을 의미하는 것이 아니라, 그 지식을 학생들의 머리와 가슴에 어떻게 심어주는가 하는 전문적 실천력에 달려 있다. 이러한 실천력은 교사가 가르침의 행위 자체에서 성취감과 행복을 느낄 때 비로소 극대화된다.

교사가 수업을 통해 자신의 전문성을 입증하고, 그 과정에서 학생들과 정서적으로 교감하며 행복을 느낄 때 교육의 질은 높아진다. 따라서 교장은 교사들이 오직 교육의 본질, 즉 수업과 학생 지도에만 전념할 수 있도록 든든한 울타리가 되어야 한다.

"수업 준비를 방해하는 과도한 행정 업무는 없는가?"

"수업을 방해하는 학생에 대해 교사는 충분히 보호받고 있는가?"

"다양한 수업을 지원할 환경은 마련되어 있는가?"

이같은 물음에 답을 찾으려는 노력이 필요하다. 무엇보다 경계해야 할 것은 교장이라는 권위가 교사의 열정을 식게 만드는 장애물이 되어서는 안 된다는 점이다. 리더의 권위는 교직원에게 대접받기 위해 존재하는 것이 아니라, 가르침의 열정을 꺾는 모든 외부의 방해 요소를 제거하고 교사를 격려하는 데 사용되어야 한다.

교장이 교사를 전문가로서 존중하고 그들의 성취를 진심으로 축하할 때, 교사는 비로소 가르칠 수 있는 용기를 얻는다. 나는 선생님들이 수업시간에 아이들과 눈을 맞추며 얻는 그 소박하지만 위대한 기쁨을 결코 포기하지 않기를 바란다.

6. 선생님이 너무 열정적이어서 힘듭니다

12월, 학교는 성적표를 받는다. 학생·학부모·교사가 참여한 학교 만족도 조사 결과이다. 담당부장이 건네준 결과지를 받을 때면 겉으로는 담담한 미소를 짓지만, 마음은 시험을 치르는 수험생처럼 긴장감이 돈다.

누군가는 이를 단순한 통계 수치라 말할지도 모른다. 그러나 교장인 나에게 이 숫자는 단순한 학교경영 점수가 아니다. 지난 1년 동안 아이들의 성장과 행복을 위해 학교구성원 모두가 흘린 땀의 기록이며, 보이지 않는 곳에서 치열하게 고민한 성찰의 기록이기 때문이다.

결과지를 살펴보았다. 100점 만점으로 환산한 학생 만족도는 77.46점, 학부모 만족도는 83.1점, 교사 만족도는 94.2점이었다. 담당부장은 예년과 비교했을 때 매우 높은 수준이라고 알려주었다. 그러나 나의 시선은 가장 낮은 수치인 '77.46'이라는 학생 만족도에 머물렀다.

사실 아이들의 만족도를 올릴 비법을 모르는 것은 아니다. 교장으로서 인기를 얻는 방법은 의외로 간단할 수 있다. 시험 부담을 과감히 없애고, 급식을 뷔페식으로 매일 제공하며, 국어·영어·수학 대신 체육대회와 축제, 예술 활동으로 시간표를 채운다면 학생들은 크게 기뻐할 것이다. 만족도 점수는 단숨에 90점을 넘을지도 모른다.

그러나 학교는 단순히 즐거움만을 제공하는 유희의 공간이 아니다. 학교의 본질은 학생의 성장에 있으며, 성장은 필연적으로 인내를 필요로 한다. 하기 싫은 공부를 끝까지 붙들고 공동체의 규칙을 준수하는 과정 속에서 아이들은 사회의 일원으로 단단해진다.

교장은 만족도 조사 결과의 숫자보다 그 이면에 담긴 의미를 해석할 줄 알아야 한다. 학생 만족도가 낮게 나타난 원인이 단순히 재미없음을 의미하는 것인지, 아니면 성장을 위한 과정인지를 구분해내는 것이 리더의 몫이다.

이번 조사에서 가장 주목한 지표는 94.2점이라는 교사 만족도다. 교사의 마음속에 교육에 대한 열정이 있을 때 비로소 교실이 살아나고, 그 온기는 고스란히 아이들에게 전달된다. 이러한 열정은 리더의 일방적인 지시나 통제에서 나오지 않는다. 오히려 그 반대다. 리더가 교사를 교육 전문가로서 온전히 신뢰하고, 그들이 주체적으로 교육 활동을 펼칠 수 있도록 자율성과 전문성을 보장할 때 비로소 교사의 자발적인 열정은 시작된다.

교장의 역할은 교사들이 실패를 두려워하지 않고 새로운 수업 방식을 시도하며, 아이들과 깊게 교감할 수 있도록 자율적인 실천의 장을 열어주는 것이다. 교사가 존중받는다는 느낌을 받을 때, 그들은 비로소 자신의 모든 에너지를 아이들에게 쏟는다. 교사에게 부여된 자율성은 방임이 아니라, 교육의 질을 높이는 강력한 수단이다.

이러한 신뢰와 자율의 문화는 결국 학부모와 학생에게도 전달된다. 학교가 개선할 점을 묻는 질문에 한 학부모가 남긴 답변이 인상적이었다.

"학교야 잘하죠. 우리 애가 못해서 문제입니다."

재치 있는 이 짧은 문장에서 나는 학교에 대한 학부모의 깊은 신뢰를 느낄 수 있었다. 학교의 교육적 방향을 믿고 지지하기에 가능한 답변이었다. 학교가 교사를 믿고, 교사가 아이들을 사랑으로 대할 때, 학부모 또한 학교의 든든한 우군이 되어준다.

더욱 눈길을 끈 것은 한 학생의 답변이었다.

"선생님이 너무 열정적으로 가르쳐서 그 열정을 학생들이 감당하기 힘듭니다."

수업시간에 하나라도 더 가르쳐주려는 선생님, 쉬는시간에도 아이들의 고민을 듣기 위해 자리를 지키는 선생님, 방과 후에도 아이들의 성장을 위해 연구하는 선생님. 우리 아이들은 이런 에너지를 온몸으로 느끼고 있었다. 학생들이 감당하기 벅찰 만큼 쏟아붓는 교사의 열정은, 리더가 그들의 전문적 영역을 존중하고 자율적인 실천의 장을 열어줄 때 가능하다.

교사가 자율성을 존중받으면 교실이 살아나고, 교실이 살아나면 아이들이 웃는다. 비록 올해 학생 만족도 수치는 교사들의 점수보다 낮았을지라도, 그 밑바닥에는 선생님들의 뜨거운 열정이 흐르고 있음을 확인했다. 내년에는 우리 학생들의 만족도가 교사의 열정만큼이나 높아질 것이라 믿는다.

7. 곁을 내어 주셔서 감사합니다

교장의 말 한마디는 학교의 온도를 결정한다. 리더가 선생님에게 건네는 '믿고 있습니다', '고생 많으셨습니다', '괜찮습니다' 같은 따뜻한 말은 교사에게 심리적 안전감을 준다. 이렇게 싹튼 신뢰와 존중의 마음은 교사가 교실에서 학생들을 마주할 때 든든한 버팀목이 된다. 학년 말에 선생님들로부터 받은 편지에는 그 진심이 고스란히 담겨 있었다.

교장선생님께

좋은 어른이자 든든한 선배님으로 곁을 내어주신 덕분에 지난 시간을 따뜻한 마음으로 보낼 수 있었습니다. 깊이 감사드립니다.

교장선생님께

2024학년도 마무리로 바쁘신 가운데 이렇게 인사를 올립니다. 한 해 동안 늘 세심하게 살펴주시고 아낌없는 지원을 보내주신 덕분에, 지난 학년도를 큰 탈 없이 무사히 마무리할 수 있었습니다. 특히 언제나 따뜻한 격려와 칭찬의 말씀을 건네주신 덕분에, 교사로서 큰 힘을 얻으며 뜻깊은 한 해를 보낼 수 있었습니다.

빈 아이들을 시도하는 것이 결코 쉽지 않은 상황이었음에도, 교장선생님께서 늘 믿고 지지해주신 덕분에 큰 힘을 얻었습니다. 덕분에 심적 부담을 덜고 더욱 열심히, 그리고 편안한 마음으로 아이들과 마주할 수 있었습니다. 지금까지 근무했던 학교들 가운데 가장 마음의 여유를 가지고 아이들을 지도했던 소중한 시간이었습니다.

지난 한 해를 돌아보면 의욕이 앞서 안내가 늦어지거나, 더 세심하게 살피지 못했던 순간들도 있었던 것 같아 스스로를 성찰하게 됩니다. 혹시 그로 인해 불편을 드린 부분이 있었다면 너그러이 이해해주시길 부탁드립니다. 부족한 점이 많았으나, 아이들과 학교를 향한 제 마음만은 언제나 진심이었음을 헤아려 주신다면 더할 나위 없이 감사하겠습니다.

교장선생님께서 보내주신 신뢰와 배려는 교사로서 큰 보람이 되었고, 제게는 오래도록 기억에 남을 귀한 경험이 되었습니다. 특히 오늘 졸업식에서 보여주신 아이들에 대한 사랑과 배려의 모습에 큰 감동을 받았고, 벅차오르는 마음을 꾹 참느라 힘들 정도였습니다. 마음 깊이 남을 추억을 만들어 주셔서 다시 한번 진심으로 감사드립니다.

교장선생님께

지난 시간을 되돌아보면 제가 교사로서 부족한 점이 많았음에도 불구하고, 올 한 해를 무탈하게 보낼 수 있었던 것은 모두 교장선생님의 변함없는 신뢰와 지지 덕분이 아니었나 생각합니다. 교장선생님께서 우리 학교에 부임하신 이후, 학교 문화가 더욱 긍정적이고 바람직한 방향으로 변화하고 있음을 깊이 체감하고 있습니다. 앞으로도 지금처럼 저희 선생님들의 든든한 버팀목이 되어주시길 소망합니다. 늘 베풀어 주시는 가르침과 배려에 감사드립니다.

같은 공간에서 함께한다는 것은 부모와 자식의 관계처럼 또 다른 귀한 인연이다. 교장으로서 다소 업무 능력이 부족하거나, 때로는 정(情)에 이끌려 결정을 머뭇거릴 때도 있다. 그러나 학교장으로서 놓치고 싶지 않은 한 가지 사실은 관계 속에서 묻어나는 따뜻한 사랑과 정성이다. 그래서 나는 '나와 함께 근무하는 선생님들이 학교의 교사로서 얼마나 귀한 존재인가'를 몸으로 느끼게 해주고 싶었다. 선생님이 느낀 존중의 마음이 마침내 우리 아이들에게 고스란히 전해지기를 간절히 바란다.

（관계）

이름을 부르면
비로소 꽃이 됩니다

누군가의 이름을 불러주는
일은 마음의 빗장을 열고 꽃을
피우는 일입니다.
가장 낮은 곳까지 따뜻한
눈길이 닿을 때 학교는 비로소
아름다운 꽃밭이 됩니다.

1. 진실한 만남이 이루어지는 공간

"교장선생님, 들어가도 괜찮을까요?"

교장실 문을 열자 남학생 둘과 여학생 둘이 배시시 웃으며 문 앞에 서 있었다. 얼굴에 '우리는 신입생입니다'라고 쓰여 있는 듯한 귀여운 학생들이었다.

"당연하지! 얼른 들어오렴."

나는 반가운 마음에 손짓하며 들어오라고 했다. 하지만 아이들은 어색했는지 쭈뼛거리며 다시 물었다.

"진짜 들어가도 괜찮아요?"

"그럼, 괜찮고말고."

"우와! 교장실은 이렇게 생겼구나! 엄청 넓네요. 선생님, 혼자 계시면 심심하시겠어요."

아이들은 그제야 안심한 듯 호기심 어린 눈빛으로 두리번거렸다.

"생각보다 크지? 이 넓은 방에 혼자 있으려니 선생님도 적적하단다. 그러니 너희들이 지금처럼 자주 와주렴."

잠시 후, 내가 내어준 음료수를 마신 아이들은 자리에서 일어났다.

"이제 곧 수업 시작이에요. 저희 가 볼게요. 음료수 잘 마셨습니다!"

아이들이 쏜살같이 나간 자리에는 해맑은 웃음소리만 남았다.

아이들의 예기치 못한 방문은 우연이 아니었다. 지난주 학생자치회 임원들과의 간담회에서 시작된 작은 약속 때문이었다. 나는 딱딱

한 회의 대신 햄버거와 음료수를 함께 먹으며 아이들의 목소리에 귀를 기울였다. '교장선생님을 만나고 싶으면 어떻게 해야 하느냐'는 질문에 단호하게 대답했다.

"Every day, Every time! 교장실 문은 항상 열려 있으니 언제든 찾아오렴."

그 약속이 아이들에게 퍼져 나가 오늘처럼 행복한 소동으로 이어진 것이다.

공간은 그곳에 머무는 사람의 철학을 대변한다. 교장실의 무거운 정적은 드나드는 이들에게 알 수 없는 심리적 거리감을 안겨준다. 그러나 나는 쌓이는 공문 결재보다 교장실을 자유롭게 넘나드는 학생들의 웃음소리와 선생님들과의 편안한 소통을 더 중요하게 생각한다.

사회심리학자 에리히 프롬에 따르면,

"합리적인 권위는 능력에 바탕을 두며 그를 따르는 사람을 성장시키지만, 비합리적인 권위는 힘에 바탕을 두며 그를 따르는 사람을 억압한다."[11]

그는 권위의 성격을 구분했다. 교장이 지녀야 할 진정한 권위는 직위라는 힘이나 위계에서 나오는 것이 아니다. 구성원들이 기꺼이 다가갈 수 있는 포용력과 그들의 성장을 돕는 전문적 역량에서 비롯되어야 한다.

비합리적인 권위에 사로잡힌 리더는 형식적인 의전과 엄격한 절차 뒤에 자신을 숨긴다. 그러나 그런 공간에서는 진실한 만남이 존재

할 수 없다. 리더가 권위의식을 내려놓고 먼저 다가갈 때, 구성원들은 비로소 심리적 안전감을 느끼며 주도적으로 성장의 길로 나아간다.

사람들은 흔히 '권위가 있는 것'과 '권위적인 것'을 혼동한다. 이 둘은 엄연히 다르다. 진정한 권위는 스스로 부여하는 것이 아니다. 상대방이 나의 인격과 진정성을 인정할 때 비로소 주어지는 것이다. 반면 권위적인 태도는 상대방을 위축시키고 소통을 단절시킨다.

교장실을 열린 공간으로 만드는 실천은 학생에게만 국한되지 않는다. 학부모 역시 학교의 문턱을 넘는 것이 쉽지 않다. 학부모는 학교의 가장 든든한 우군이자 동반자이지만, 소통의 부재는 불신을 낳고 거리감을 만든다.

그래서 학부모가 방문할 때면, 반가운 옛 친구를 맞이하듯 정성을 다한다. 학부모 참여 회의를 오전 시간으로 정하고, 회의가 끝난 뒤에는 자녀들이 먹는 것과 똑같은 급식을 함께 나눈다. 음식이 오가는 소박한 대화에서 학부모는 자녀의 일상을 체험하며 학교에 대한 신뢰를 회복할 수 있다. 학부모의 전폭적인 지지를 얻기 위해서는 교장이 먼저 학부모의 마음을 움직이도록 노력해야 한다. 교육 가족으로 존중하고 대우할 때, 학부모는 학교의 든든한 버팀목이 되어준다.

공간의 진정한 존재 이유는 그곳에 머무는 사람이 자신의 존재를 찾을 수 있도록 돕는 데 있다. 내가 머무는 교장실도 마찬가지이다. 나는 이곳이 교장의 권위를 강요하는 공간이 아니라, 선생님과 아이들이 있는 그대로의 모습으로 환대받으며 자신의 존재를 긍정할 수 있는 장소가 되기를 바란다.

2. 모든 교직원이 존중받는 학교

학교에서 아주 특별한 퇴임식이 열렸다. 20년이라는 긴 세월 동안 학생들과 교직원을 위해 맛있고 건강한 밥상을 책임지신 조리실무사님의 정년 퇴임식이었다. 나는 평소 이분들을 '선생님'이라고 부른다. 비록 교실에서 아이들을 직접 가르치지는 않지만, 정성이 담긴 밥 한 끼로 행복과 감사의 마음을 가르치는 이분들이야말로 학교의 진정한 선생님이라고 생각하기 때문이다.

급식실 식구들은 학교 구성원의 5%도 채 되지 않는 소수이다. 이분들이 일하는 조리실은 늘 분주하고 위험한 공간이다. 나는 평생을 헌신해 온 분을 외롭고 쓸쓸하게 보내드리고 싶지 않았다. 퇴직 소식을 듣자마자 영양교사와 상조회 임원에게 말했다.

"화려한 선물은 아닐지라도, 떠나시는 분의 인생 2막이 축복 속에 시작될 수 있도록 진심으로 퇴임식을 준비하면 좋겠습니다."

20년 넘는 세월 동안 뜨거운 물과 불 앞에서 아이들에게 따뜻한 밥을 지어준 노동에 대한 작은 보답을 하고 싶었다.

모든 교직원이 한자리에 모인 퇴임식 날, 행사의 하이라이트는 우리가 몰래 준비한 깜짝 영상이었다. 조리실에서 땀흘리며 일하는 사신의 모습이 화면에 등장하자 선생님은 눈을 동그랗게 뜨며 놀라워했다. 이어 TV 화면 가득 "20년의 헌신에 감사하며, 퇴직을 진심으로 축하합니다"라는 문구가 뜨자, 선생님의 눈가에는 눈물이 맺혔다. 교육감의 감사장과 꽃다발이 전달되고 분위기가 무르익을 무렵, 마이크를 잡은 선생님은 떨리는 목소리로 소회를 밝혔다.

"20년 동안 급식실에만 있다 보니 학생과 선생님들 얼굴 한 번 제대로 볼 수 없었습니다. 저는 그림자처럼 학교에서 존재감 없는 사람인 줄만 알았습니다. 그런데 오늘 이렇게 따뜻한 자리를 마련해주셔서, 제가 헛살지 않았다는 생각이 듭니다. 정말 감사합니다."

'그림자 같은 존재감'이라는 말은 가슴을 먹먹하게 만들었다. 나는 고심 끝에 지은 삼행시를 헌정하며, 선생님은 그림자가 아닌 우리 학교의 찬란한 빛이었다는 사실을 다시 한번 강조했다.

퇴임식 다음날, 점심 급식은 그 어느 때보다 환상적이었다. 존중받은 급식실 선생님들의 진심이 담긴 음식이었다.

"조리장님, 오늘 점심은 특별히 더 맛있었습니다. 감사합니다."

내 감사 인사에 조리장님은 환하게 웃으며 말했다.

"교장선생님, 어제 저희 동료를 위해 그토록 정성스러운 퇴임식을 열어주셔서 정말 감사합니다. 학교에서 이렇게 대접받은 건 처음이라며 저희 팀원들 모두 얼마나 좋아했는지 모릅니다."

리더십 전문가 사이먼 사이넥(Simon Sinek)은 '지위를 차지하는 것이 리더십이 아니라, 내가 책임지는 사람들을 돌보는 것'[12]이라고 리더의 역할을 정의한다. 교장의 지위는 지시나 명령을 내리는 자리가 아니라, 학교 울타리에 있는 모든 사람을 살피고 존중하는 자리이다. 이것이 바로 구성원들에게 심리적 안전감과 소속감을 부여하는 리더십인 것이다.

또한 버진 그룹의 창업자 리처드 브랜슨(Richard Branson)은 리더가 조직의 구성원을 잘 돌보면 결국 구성원들도 고객을 잘 돌보는 것이야말로 조직의 선순환 구조라고 주장하였다.[13] 학교도 마찬가지다. 교장이 모든 교직원을 귀하게 여기고 그들을 정성껏 살필 때 결국 그 혜택은 우리 아이들에게 고스란히 전달된다.

아이들이 맛있게 먹은 따뜻한 밥은 곧 선생님들의 마음의 온도였다. 교장이 구성원 한 명 한 명을 인격적으로 대우하고 그들의 가치를 빛내줄 때, 그들은 자신의 일을 교육적 헌신으로 승화시킨다. 따뜻하게 존중받은 급식선생님들이 지어준 밥을 먹으며 우리 아이들은 배려와 존중의 가치를 배운다. 이것이 바로 내가 지향하는 행복한 학교이다.

교장은 학교의 모든 구성원을 세심하게 살피고 배려해야 할 책무가 있다. 소수의 직원이라도 그들이 자신의 일에서 자부심을 느끼지 못한다면, 학교는 건강하다고 말할 수 없다. 학교는 수업하는 교사들만 있는 것이 아니다. 보이지 않는 곳에서 토양을 다지고 수분을 공급하는 작은 풀꽃과 미생물의 역할을 하는 분들이 다 같이 조화를 이룰 때 비로소 학교라는 숲은 울창해진다.

3. 편지로 마음 전달하기

또래상담 동아리 학생들이 주관하는 '따뜻한 마음 전하기' 행사가 열렸다. 아이들이 교내 곳곳에 설치한 빨간 우체통과 사과 모양의 편지지는 삭막한 학교에 활기를 불어넣었다.

누군가에게 편지를 쓰면 맛있는 간식과 함께 배달해 준다는 신박한 기획은 나의 마음을 움직였다. 내가 망설임 없이 펜을 든 것은 단순히 학교 행사에 참여하기 위해서가 아니었다. 교육 공동체의 일원으로서 존재와 존재 사이의 연결고리를 회복하려는 작은 실천이었다.

모든 선생님과 학생들에게 마음을 전하고 싶었지만, 수백 명의 학생과 교직원에게 편지를 쓰는 것은 현실적으로 불가능했다. 고심 끝에 지난 1년 동안 학교의 굳은일을 도맡아주신 부장님들, 나의 든든한 동반자인 교감선생님과 행정실장님, 그리고 학교의 주인인 학생자치회 임원들에게 편지를 쓰기로 했다.

사과 모양 편지지를 보니 이분들의 얼굴이 떠올랐다. 평소 업무 보고를 받을 때의 공적인 모습이 아니라, 이름 뒤에 숨겨진 한 인간으로서의 열정이 나의 눈에 보였다. 며칠 뒤, 학생과 선생님에게 보낸 편지에 대한 답장이 도착했다. 한 선생님은 내 이름으로 멋진 삼행시를 지어 보내주었다.

윤: 윤영진 교장선생님

영: Young한 감각의 센스 만점 편지

진: 진심으로 감사드려요

인간관계론으로 잘 알려진 데일 카네기는 '사람의 이름은 그 사람에게 있어서 어떤 언어로 된 것이든 가장 달콤하고 가장 중요한 소리임을 기억하라'[14]고 하면서, 누군가의 이름을 부르는 것은 한 사람의 생애와 고유한 정체성을 긍정하는 것이라고 하였다.

우리는 흔히 상대방을 직함이나 역할로 규정하지만, 이름은 그 사람만이 가진 유일무이한 세계의 전부인 것이다. 내가 선생님과 학생에게 편지를 쓰는 과정은 대상에 대해 깊이 사유하고, 그가 우리 학교 공동체를 위해 발휘한 고유한 가치를 발견하는 적극적인 탐색의 시간이었다. 나의 정성이 담긴 편지가 선생님의 지친 하루에 향기로운 위로가 되고, 그 진심들이 모여 우리 학교가 저마다의 이름으로 아름답게 피어나는 꽃밭이 되기를 소망한다.

"네가 기찬이구나! 아빠를 정말 많이 닮았네. 자, 이거 선물이야!"

나는 1학년 학생에게 '2026학년도 대학수학능력시험'이라고 적힌 수능 샤프를 건네주었다. 기찬이는 영문도 모른 채 교장실로 불려와 잔뜩 긴장하고 있었는데, 혹시 뭘 잘못했나 싶어 얼어 있던 얼굴이 뜻밖의 선물을 받자 금세 환해졌다.

"앞으로도 학교생활 즐겁게 하고 공부도 열심히 하라고 주는 응원의 선물이야."

기찬이는 학교운영위원회 운영위원으로 봉사하시는 학부모의 자녀이다. 자칫 특정 학생만 챙긴다며 오해를 살 수도 있지만, 지난 1년 동안 학교 발전을 위해 애써주신 학부모님께 교장으로서 전하는 도의적이고 소박한 성의 표시였다.

학교 교육과정이 원활하게 돌아가기 위해서는 공식적이든 비공식적이든 학부모의 도움이 필수적이다. 학부모위원이 참여해야 하는 위원회는 학교운영위원회뿐만 아니라 학교도서관운영위원회, 학교폭력전담기구, 체험학습활성화위원회, 급식모니터링위원회 등 다양하다. 현실적으로 이러한 자리마다 각기 다른 학부모를 위촉하기는 어렵다. 그래서 몇몇 학부모들이 중복으로 활동하기도 한다.

특히 학교운영위원회는 교육과정과 예산을 심의·의결하는 법적 기구이다. 안건이 워낙 많아 매달 한 번 이상, 입시가 있는 고등학교는 한 달에 두 번씩 회의가 열리기도 한다. 학교를 위해 귀한 시간을 내어주는 학부모의 이런 활동은 참여 이상의 헌신의 가치를 지닌다. 대부분 학부모는 학교 운영이 잘 되면 자녀에게도 도움이 된다는 선한 믿음으로 운영위원을 맡는다. 바쁜 와중에도 귀한 시간을 내어 학교를 위해 봉사하는 그 마음이 더없이 고맙다.

그래서 나는 1년에 딱 한 번, 수능시험이 끝나면 여분의 수능 샤프를 챙겨두었다가 위원님들의 자녀에게 건네곤 한다. 비록 화려한 선물은 아니지만 지난 1년간 학교를 위해 묵묵히 애써주신 부모님께 드리는 나만의 소박한 감사 표현이다. 고맙게도 학생과 학부모는 나의 작은 이벤트를 매우 좋아한다.

위원회가 열리는 날에는 나만의 방식으로 학부모와 소통한다. 학교운영위원회를 마친 후에는 학부모를 교장실로 초대해 함께 커피를 마신다. 비록 캡슐커피지만 준비 시간도 절약되고 맛도 일품이다. 커피를 마시며 위원회에서 다하지 못한 학교 운영 전반에 대해 허심탄회하게 대화를 나누게 되는데, 이때 가급적 입을 닫고 귀를 열어 온전히 학부모의 목소리에 집중한다. 요즘 학부모님들 사이에서 학교 평판은 어떤지? 건의하고 싶거나 불편 사항은 없는지? 교장인 나의 경영 방식에 대해 어떻게 생각하는지? 등을 듣는다.

처음에는 교장의 눈치를 보며 말을 아끼던 학부모님들이었지만, 지속적인 소통을 이어가다 보니 더 이상 어려워하지 않고 학교를 위한 애정 어린 조언을 해준다. 물론 모든 소통이 따뜻한 차 한 잔으로 해결되는 것은 아니다. 사안이 엄중할수록 나는 감정에 휘둘리지 않는 다음과 같은 명확한 기준을 가지고 민원을 해결하려고 노력한다.

첫째, 정확한 사실 확인이다. 학부모를 대면하기에 앞서 민원 내용을 정확히 파악해야 한다. 교사의 진술을 충분히 듣되, 교장의 시각으로 객관적인 사실 관계를 정리해 두는 것이 우선이다.

둘째, 균형 잡힌 시각이다. 교사의 방패가 되어야 함과 동시에 학부모의 마음도 읽어야 한다. 역지사지의 심정으로 그들의 요구사항 중 우리가 수용하고 개선해야 할 점은 없는지 꼼꼼히 따져 본다.

셋째, 법령에 대한 전문성이다. 민원 해결의 열쇠는 종종 법규에 있다. 관련 지침과 매뉴얼을 숙지하여 학부모에게 되는 것과 안 되는 것을 명확히 안내하고, 필요하다면 법적 테두리 안에서 양해를 구해야 한다.

넷째, 철저한 증빙자료 준비다. 특히 아동학대나 교권침해 사안일수록 증거가 중요하다. 법적 분쟁 앞에서는 베테랑 교사들도 위축되기 마련이다. 교장은 당황한 교사를 대신해 대응하고 입증 자료를 챙겨주는 든든한 조력자가 되어야 한다.

교장의 태도도 중요하다. 나는 기본적으로 경청의 자세를 유지하지만, 무조건 듣기만 하지는 않는다. 만약 학교 경영이나 교사에 대해 왜곡된 사실을 알고 있을 땐 주저하지 않고 오해를 푼다. 대화가 끝날 무렵에는 꼭 두 가지를 당부한다. 학교와 선생님을 믿고 기다려 달라는 것, 그리고 설령 학교가 마음에 들지 않더라도 아이 앞에서는 절대 선생님 흉을 보지 말아 달라는 것이다. 부모가 교사를 불신하는 모습을 아이도 배우기 때문이다. 불만이 있다면 언제든 나에게 직접 오라고 요청한다.

학교의 모든 민원을 직접 챙기려 노력한다. 물론 절차상 담당교사 선에서 해결해야 할 일도 있다. 하지만 교사와의 소통으로도 해결되지 않는 악성 민원은 주저 없이 내가 나선다. 교장이 나서면 의외로 문제가 쉽게 풀릴 때가 많다. 교장까지 민원이 올라왔다는 건 학부모의 요구가 관철되지 않았다는 뜻이다. 이때 최종 책임자로서 정확한 규정과 근거를 들어 '안 되는 이유'를 정중하지만 단호하게 설명하면 대부분의 학부모는 상황을 이해하고 수긍한다. 학교장의 말 한마디가 가진 책임과 무게감 덕분이다.

모든 민원을 해결하는 것은 결코 쉬운 일이 아니다. 학교폭력 사안이나 특정 교사를 향한 무리한 요구 등은 진땀을 뺀다. 하지만 내가 전면에 나서면 그만큼 교사들은 우리 아이들을 위한 수업과 생활지도에 온전히 전념할 수 있다. 이것이 기꺼이 민원에 앞장서는 이유다.

5. 작은 헌신이 학교를 꽃밭으로 만든다

[사례 1]

"선생님, 쉬는시간에 교문지도만 해주시면 충분합니다. 굳이 이렇게 일찍 나오셔서 청소하지 않으셔도 됩니다."

"아유, 저는 괜찮습니다, 교장선생님. 학교에 폐가 되지 않는다면 이렇게 몸을 움직이는 게 훨씬 좋습니다."

"활동비도 넉넉지 않은데, 정해진 일보다 더 고생하시니 제 마음이 무겁습니다."

"천성이 가만히 있질 못하는 사람입니다. 퇴직 후 일자리를 구하려고 백방으로 뛰었지만, 나이가 많다고 받아주는 곳이 없었습니다. 이렇게 학교에서 아이들을 위해 봉사할 기회를 주시지 않았습니까. 할 수 있는 일이 있다는 게 얼마나 행복한지 모릅니다. 요즘 아주 살맛이 납니다. 제가 고맙습니다."

우리 학교에는 안전지킴이 선생님이 계신다. 젊은 시절 건설업에 종사하셨던 이분은 은퇴 후 학교에서 아이들의 안전을 지키는 일을 맡고 계신다. 하루 3시간 남짓 봉사하며 받는 활동비는 많지 않다.

선생님의 공식 업무는 쉬는시간과 점심시간에 정문을 지키는 일이다. 그 외 시간에는 지정된 장소에서 휴식을 취하면 된다. 하지만 선생님께서는 한시도 가만히 있지 않는다. 수업시간마다 집게와 쓰레기봉투를 들고 학교를 돌아다니시며 학생들이 무심코 버린 과자봉지와 캔을 줍는다. 10분의 쉬는시간에도 아이들이 미끄러질까 봐 농구장의 낙엽을 쓸고, 밤새 내린 이슬로 젖은 코트를 닦아내신다.

작년까지만 해도 빈번했던 농구장 안전사고가 올해는 거의 사라졌다. 이 모든 것은 안전지킴이 선생님 한 분의 묵묵한 봉사와 노력 덕분이다.

[사례 2]

1월 1일자로 새로운 행정과장님이 부임했다. 우리 학교 행정실은 5급 사무관인 실장님, 6급 과장님, 그리고 주무관님과 실무사님들이 함께 근무하고 있었다. 전체 교직원회의 시간에 신임 과장님을 소개했다.

"새로 부임하신 행정과장님입니다. 뜨거운 환영의 박수 부탁드립니다. 과장님, 나오셔서 한 말씀 해주시지요."

단상에 오른 과장님은 거두절미하고 딱 한마디만 했다.

"긴 말 하지 않겠습니다. 선생님들이 행정실에 오는 발걸음이 가볍도록, 행정실의 문턱을 낮추겠습니다. 감사합니다."

"와아!! 짝짝짝!"

그 짧은 인사가 끝나자마자 함성이 터졌다. 선생님들은 '지금까지 들어본 인사말 중 가장 멋지다'며 엄지를 치켜세웠다. 과장님의 '사이다 발언'이 우리 마음을 단숨에 사로잡았다.

학교에는 수업을 담당하는 교사와 행정을 맡는 교육행정직이 있다. 학생 교육을 위해 없어서는 안 될 구성원이지만, 교무실과 행정실 사이에는 보이지 않는 긴장감이 생기기도 한다. 서로 존중하려 애쓰지만 업무 처리 과정에서 의도치 않게 보이지 않는 벽이 생기기 때문이다. 교장의 중요한 책무 중 하나는 이 갈등을 협력의 문화로 바꾸는 것이다. 하지만 말처럼 쉽지 않다. 조직문화는 교장의 지시만으로 만들어지지 않는다.

그런데 이번에 새로 부임한 행정과장이 '무엇이든 돕겠다'는 마음으로 먼저 다가가자 놀라운 변화가 일어났다. 선생님들도 존중과 예의로 화답한 것이다. 우리 학교는 지금 교무실과 행정실 사이가 그 어느 때보다 좋다. 맛있는 간식이 생기면 서로 먼저 챙겨주고, 업무를 조율할 때도 내 입장만 고집하기보다 상대방의 어려움을 먼저 헤아린다. 상호 존중과 협력으로 만들어진 이 따뜻한 온기가 결국 우리 아이들에게 혜택으로 돌아갈 것임을 믿는다.

풀밭이 달라지겠냐고 말하지 말아라. 네가 꽃 피고 나도 꽃 피면 결국
풀밭이 온통 꽃밭이 되는 것 아니겠느냐. - 조동화, 「나 하나 꽃 피어」 중에서

우리 학교 건물에 걸려 있는 걸개의 문구다. 이 시구처럼, 낙엽을 쓸던 지킴이선생님도 꽃을 피우고, 문턱을 낮춘 행정과장님도 꽃을 피웠다. 이렇게 각자의 자리에서 피워낸 꽃이 모이자 학교는 온통 꽃밭이 되었다. 아이들은 이 향기로운 꽃밭에서 마음껏 뛰놀고 공부하

면 된다. 우리는 더 이상 '나 하나 변한다고 풀밭이 달라지겠냐'고 말해서는 안 된다. 내가 먼저 피면 교실이 변하고 학교가 변한다.

노벨평화상을 수상한 데스몬드 투투(Desmond Tutu) 대주교는 인종차별의 깊은 상흔 속에서도 희망을 잃지 않으면서, "당신이 있는 그곳에서, 당신이 할 수 있는 작은 선(善)을 행하라. 그 조각난 작은 선들이 모두 모일 때, 비로소 세상을 압도할 수 있다."[15]라고 말한 것처럼, 우리가 실천하는 조각난 작은 선들은 결코 헛되지 않을 것이라 믿는다.

학교를 바꾸는 것은 충분한 예산이나 획기적인 교육 정책이 아니었다. 농구장의 낙엽을 쓰는 지킴이 선생님의 손길, 행정실의 문턱을 낮춘 과장님의 겸손한 말 한마디 같은 조각난 작은 선들이다. 이 작은 조각들이 하나둘 모인다면 우리 아이들의 미래를 환하게 밝힐 꽃밭이 될 것이다.

6. 교사도 학생처럼, 이름 부를 때 마음을 연다

학교에 새로 전입한 교직원의 환영식이 열렸다. 학기 초에 서둘러 자리를 마련했더라면 선생님들이 낯선 환경에 적응하는 데 훨씬 도움이 되었을 텐데, 바쁜 3월 일정을 소화하느라 학부모 총회가 끝난 이후에야 환영식을 하게 되었다.

환영식을 앞두고 상조회장이 나에게 환영사를 부탁했다. 흔쾌히 수락했지만, 한편으로는 걱정이 앞섰다. 좋은 날 맛있는 음식 앞에서 지루한 훈화만 늘어놓는 눈치 없는 교장이 되지 않을까 하는 우려 때문이었다.

그래서 색다른 이벤트를 고민했다. 명색이 소통을 중시하는 교장인데, 말로만 하는 환영보다는 가슴에 남는 감동을 주고 싶었다. 고민 끝에 내가 선택한 방법은 '이름 부르기'였다. 학기초 담임선생님이 학생들의 이름을 외워 다정하게 불러주면 아이들이 좋아하듯, 나도 새로 온 교직원들의 이름을 따뜻하게 불러주며 마음을 전하고 싶었다.

하지만 몇 가지 난관이 있었다. 이번에 새로 전입한 교직원이 무려 30명이나 되었던 것이다. 평교사 시절에도 우리 반 아이들 이름을 모두 외우는 데 족히 3주가 걸렸는데, 하물며 매일 마주치는 학생도 아닌, 30명의 교직원 이름과 얼굴을 단기간에 외운다는 것은 결코 쉽지 않았다. 가장 큰 걸림돌은 자주 볼 수 없다는 점이었다.

교사는 언제든 학생을 불러 얼굴을 익힐 수 있지만, 교장실에 있는 나는 결재하러 오는 분들을 제외하고는 선생님들을 볼 기회가 많지 않았다. 그래서 선생님이 교장실에 들어오면 업무 외에도 사소한 안부를 물으며 얼굴을 익히려 애썼다.

또 다른 난관은 사진첩이었다. 얼굴과 이름을 외울 수 있는 유일한 자료는 교직원 사진첩인데, 대부분 오래전 사진이라 지금의 모습을 떠올리기가 어려웠다. 심지어 초임 시절 사진도 보이고, 성만 다르고 이름이 같은 교사가 세 명이었다. 교사뿐 아니라 조리사님들까지 모두 이름을 불러주겠다는 나의 야심찬 계획은 점차 실현 불가능한 꿈처럼 다가왔다.

그러나 포기할 수 없었다. 나는 휴대폰에 교직원 사진첩을 저장해두고 교내를 거닐다 새로 온 선생님을 보면 얼른 휴대폰을 꺼내 사진과 실물을 대조하며 이름을 외웠다.

때로는 일부러 다가가 이름을 불러보기도 했다.

"송수미 국어선생님, 오늘 날씨가 참 좋지요?"

헷갈리는 동명이인은 점심시간을 활용했다.

"저분이 김수미 수학선생님 맞습니까?"

식당에서 교감선생님께 계속 확인하며 얼굴을 익혔다. 이런 노력 덕분에 환영식 당일까지 30명의 이름과 얼굴을 모두 외울 수 있었다.

드디어 인근 식당에서 환영식이 열렸다. 그러나 식당에 들어선 순간 눈앞이 캄캄해지는 것이 아닌가. 국어, 영어, 수학… 교과목 순서대로 교사 얼굴을 익혔는데, 식당에 있는 선생님들은 과목과는 상관없이 자유롭게 섞여 앉아 있었기 때문이었다. 머릿속이 새하얘졌지만 물러설 수 없었다. 선생님들의 뒷모습과 옆모습을 훑어보며 얼굴과 이름을 떠올리려 애썼다.

"다음은 교장선생님께서 신임 교직원을 위한 환영사를 해주시겠습니다."

마침내 내 순서였다. 상조회 회장이 환영사를 부탁했다.

"이 시대에 교사로 산다는 것, 참으로 고단한 일입니다. 사회의 기대와 요구는 날로 커지는데, 정작 우리들의 자존심과 긍지는 자꾸만 작아지는 현실 때문입니다. 비록 저는 작은 학교의 교장이지만, 우리 선생님들이 저와 함께 있는 시간만큼은 즐겁고 행복했으면 좋겠습니다. 선생님들이 보람과 긍지를 갖고 마음껏 전문성을 펼칠 수 있도록 앞장서서 돕겠습니다. 환영식이 다소 늦어졌지만, 오늘 이 순간만큼은 즐거운 시간이 되길 바랍니다."

환영사를 마친 뒤, 나는 부서별로 앉아 있는 선생님들을 바라보며 그토록 연습했던 이름을 불렀다.

"송서연 국어선생님… 김주경 영어선생님…."

나의 입에서 자신의 이름이 나올 때마다 선생님들의 반응은 기대보다 훨씬 뜨거웠다. 마치 학생들이 이름을 불러주면 기뻐하듯, 선생님들은 박수를 치며 환하게 웃었다. 그 해맑고 순수한 미소들을 마주하며 나는 가슴 벅찬 깨달음을 얻었다.

사람들은 상대방의 말이나 행동 자체보다, 그가 나에게 어떤 기분을 느끼게 했는지를 더 오래 기억한다. 인본주의 교육학자인 칼 로저스(Carl Rogers)가 '우리가 타인을 신뢰하고 그들의 고유한 가치를 있는 그대로 받아들일 때, 비로소 교육적 성장이 일어나는 촉진적 기후가 형성된다'[16]고 말한 것처럼, 선생님들은 교장인 내가 이름을 불러주었을 때, 학교장이 학교 구성원을 인격적인 존재로 대우한다고 느꼈기에 학생처럼 기뻐하며 박수를 친 것이다. 선생님들이 바라는 교장의 모습은 결코 거창한 것이 아니었다. 교사로서의 전문성을 신뢰해 주고, 마음껏 배우고 가르치는 분위기를 만들어주기를 바라는 것이다.

7. 결을 따르는 관심이 진정한 사랑이다

교장실에는 초록 화분이 많다. 식물에 조예가 깊었던 것은 아니었으나, 코로나 시국에 지방자치단체가 침체된 화훼농가를 돕고자 꽃을 대신 구입하여 학교로 보내준 것이 초록 화분들과의 인연이었다.

나는 출근하면 가장 먼저 창가에 놓인 식물들을 살피는 일로 하루를 시작한다. 오늘 아침에는 선명한 붉은 잎을 뽐내던 포인세티아의 잎이 고개를 떨구고 있었고, 초록을 자랑하던 스파트필름은 잎이 번데기처럼 말린 채 바스러져 가고 있었다.

왜 이런 일이 벌어졌을까. 지난 일주일 출장으로 자리를 비우면서 햇빛이 잘 드는 창가에 두기만 하면 잘 자랄 줄 알았던 나의 무지가 원인이었다. 알아보니 두 식물은 추위에 취약한 식물이었다. 겨울 새벽에 창문을 타고 스며든 차가운 냉기가 두 식물에게 치명적인 독이 되었던 것이다.

나는 무조건 사랑만 하면 아무 문제 없을 줄 알았다. 그러나 대상의 본질을 헤아리지 못한 사랑은 진정한 사랑이 아니었다. 시들어버린 두 식물을 바라보며, 사랑이란 단순한 마음의 표현이 아니라 상대의 본질을 이해하고 그에 맞는 배려를 더할 때 비로소 완성된다는 사실을 깨달았다.

생명을 온전히 돌보고 그 결대로 성장시키기 위해서는 사랑이 필수적이다. 그러나 사랑은 단순히 맹목적인 감정이 아니다. 에리히 프롬은 사랑을 단순한 감정적 도취가 아니라 실제로 움직이는 활동으로 정의하며, 돌봄·책임·존중·이해를 핵심 요소로 제시했다.[17]

사랑한다는 것은 대상을 단순히 아끼는 마음을 넘어 그 존재 자체에 대해 책임을 지고, 고유한 본성을 존중하는 것이다. 그리고 무엇보다 중요한 것은 대상을 깊이 이해하려는 치열하고 능동적인 과정이다. 특히 인간의 손에 길들여진 생명체에게는 이 사랑의 요소들이 생존과 직결된다.

들판의 풀꽃이나 야생 동물은 스스로 환경에 적응할 수 있는 강인한 본성을 지녔다. 선인장은 척박한 사막을 견디는 본능을 지녔고, 고슴도치는 한겨울에도 겨울잠을 자며 봄을 기다리는 야생성을 타고났다. 그러나 인간에게 길들여진 존재는 그렇지 않다.

진정한 관심은 대상이 무엇을 원하고 무엇을 싫어하는지 끊임없이 연구하고 살피는 활동이다. 프롬이 말한 '돌봄'은 단순한 보호가 아니라 적극적인 개입을 의미한다. 식물에 물을 주듯, 구성원의 업무 성취뿐 아니라 심리적 소진까지도 살펴야 한다. '책임'은 억지로 하는 의무가 아니라, 구성원이 보내는 도움의 신호에 기꺼이 응답하는 것이다. '존중'은 대상을 나의 소유물로 여기지 않고, 그 존재가 본래의 결대로 성장하기를 바라는 마음이다. 마지막으로 '이해'는 대상이 처한 다양한 상황을 정확히 파악하려는 인지적 노력이다.

프롬이 말한 사랑의 네 가지 핵심 요소는 교장에게 매우 중요한 리더의 자질이다. 교장은 학교 구성원의 마음을 읽는 정원사여야 한다.
"우리 선생님이 진정으로 원하는 것이 무엇인가?"
"이들의 성장을 위해 어떤 양분을 채워줘야 하는가?"
이 같은 질문이 멈추는 순간, 학교는 창가의 식물처럼 서서히 시들어갈 것이다. 식물마다 물을 주는 시기가 다르고 선호하는 일조량이 다르듯, 교사 또한 저마다 다른 도움의 방식이 필요하다. 각기 다른 결을 지닌 교사에 대한 지식이 없는 관심은 진정한 사랑이 아니다.
뿐만 아니라 교장의 관심은 공적인 영역에만 머물러서는 안 된다. 차가운 새벽 냉기가 식물을 상하게 하듯, 교사 각자가 처한 사적인 아픔에도 귀기울여야 한다. 관리자로서의 지시가 아니라 동료로서 건네는 따뜻한 말이 햇살이 되어야 한다. 누군가를 곁에 두고 함께 동행한다는 것은 그 존재의 전생애에 대해 존중하겠다는 무언의 약속이기도 하다.

8. 리더의 품격은 약자를 대하는 태도에서 드러난다

"영진아! 네가 나중에 학교에서 리더의 자리에 오르거든, 가장 낮은 자리에서 일하는 분들을 존중해야 한다. 그분들을 따뜻하게 대우해야 학생들과 선생님들이 너의 말과 행동을 보고 배우는 법이다."

지금은 하늘에 계신 이모부님께서 신규 교사였을 때 건넨 말씀이다. 40년 넘게 개인택시 운전대를 잡으며 수많은 사람의 삶을 목격했던 이모부님은, 사람의 진짜 품격이 어디서 오는지 누구보다 잘 알고 계셨다. 자신보다 높은 사람에게 보이는 예의는 이익을 위한 것일 수 있지만, 자신보다 약한 위치에 있는 사람을 대하는 태도야말로 숨길 수 없는 진짜 모습이라는 사실을 강조하셨다.

사람들은 흔히 상대방의 말투나 배경, 혹은 사회적 성공을 보고 그 사람의 인격을 판단하곤 한다. 하지만 나는 이모부님이 가르쳐주신 것처럼 조직 내에서 힘들고 궂은일을 맡아주는 분들, 겉으로 잘 드러나지 않는 자리에서 묵묵히 헌신하는 이들을 어떻게 대하는지가 곧 그 사람의 수준이라고 믿는다.

학교에서는 주로 청소를 맡아주시는 분들이 그러하다. 대개 청소업체에서 파견된 고령의 어르신들은 과거 학생들이 하던 화장실 청소부터 복도 관리까지 힘든 일을 도맡아 일하신다. 사람들이 이분들을 대하는 방식은 크게 세 가지로 나뉜다.

첫째, 이분들을 마치 없는 사람처럼 여기는 유형이다. 청소 노동자를 공동체의 일원으로 보지 않고, 그저 깨끗한 환경을 위해 당연히 존재하는 배경처럼 취급한다. 누군가의 고단한 노동 덕분에 자신의 하루가 쾌적하다는 사실을 잊은 채, 그들의 수고를 관심 밖의 일로 여긴다.

둘째, 철저히 돈의 논리로 접근하는 유형이다. 이들은 상대방을 내가 낸 세금으로 월급받는 직원으로만 생각한다. 고용주와 피고용인의 수직적 관계로만 상대를 대하기에 은연 중에 반말을 하거나 인격을 무시하는 무례한 언행을 하기도 한다. 돈을 지불했다는 이유만으로 상대의 자존감까지 마음대로 할 수 있다고 믿는 오만함이 깔려 있는 것이다.

셋째, 자신과 똑같은 인격체를 지닌 어른으로 대우하는 유형이다. 비록 생계를 위해 힘든 일을 하시지만, 이분들이 가장 낮은 곳에서 애써주시는 덕분에 우리가 편안하게 공부하고 가르칠 수 있다는 사실을 잊지 않는 사람들이다.

우리에게 잘 알려진 J.K. 롤링의 소설 『해리 포터와 불의 잔』에는 시리우스 블랙이 주인공 해리에게 이런 말을 한다. "한 사람의 인격을 알고 싶다면, 그가 자신과 동등한 사람이 아니라 자신보다 약한 사람을 어떻게 대하는지 잘 지켜보라."[18] 결국 어떤 집단에서 상대적으로 약자일 수 있는 사람들을 어떻게 대하는지가 그 사람의 수준을 결정한다는 것이다.

교장의 말과 행동은 학생들에게 보이지 않는 교육으로 작동하고 있음을 잊지 말아야 한다. 교장의 말 한마디가 곧 학교의 문화가 되기 때문이다. 따라서 교장으로서 갖춰야 할 언어의 품격에 대해 나만의 철학을 가지려고 노력한다.

먼저, 호칭은 존중의 언어를 사용한다. '여사님', '선생님', 혹은 '어르신'이라 높여 부르며 그들의 존재에 정당한 예우를 갖춘다. 호칭은 관계의 시작이며, 상대를 어떻게 생각하느냐를 보여주는 가장 확실한 표시이다.

둘째, 감사의 말을 일상적으로 표현한다. 예를 들어 '고맙습니다. 어르신 덕분에 학교가 참 깨끗해졌네요'라는 인사를 아끼지 않는다. 리더의 감사 언어는 학교 구성원이 존중받고 있음을 강하게 느끼게 하는 힘이다.

셋째, 질문형 언어를 통해 마음을 열어준다. '고맙습니다. 일하시면서 불편한 점은 없으세요?', '개선할 사항이 있으면 언제든지 말씀하세요'와 같은 사소한 물음은 상대방을 단순히 궂은 일을 하는 대상이 아니라, 소중한 감정을 지닌 동료로 인정한다는 확실한 표현이다. 맛있는 간식이나 작은 선물이 생기면 잊지 않고 챙겨드리는 것도 같은 맥락이다.

어느 날 한 학생이 화장실을 청소하는 어르신께 무례하게 행동했다는 이야기를 들었다. 그 학생을 교장실로 불러 따끔하게 교육했다. 성적보다 중요한 것은 사람에 대한 예의임을 가르치기 위해서였다.

학생들은 교실 수업보다 교장이 청소하시는 어르신께 깍듯이 고개 숙여 인사하는 모습에서 더 많은 것을 배울 것이라 믿는다.

리더인 교장이 사용하는 존중의 언어는 선생님들에게 전해지고, 선생님의 언어는 다시 학생들의 인격으로 형성될 것이다. 공부보다 사람에 대한 존중이 먼저라는 믿음, 사람을 수단이 아닌 목적으로 대하는 마음이야말로 내가 우리 아이들에게 가르치고 싶은 참교육이다.

9. 살아 있는 교육, 교사의 실천

인문계 고등학교에서 일 년 중 가장 큰 행사는 단연코 대학수학능력시험이다. 수능 전날, 선생님들은 제자들이 제 실력을 유감없이 발휘할 수 있도록 시험실 환경을 조성하느라 여념이 없다. 1, 2학년 후배들도 선배들이 좋은 성적을 거두어 학교의 명예를 드높이길 바라는 마음으로 교실 청소에 정성을 다한다. 평소에는 대충대충 청소하던 녀석들이 오늘만큼은 열심히 빗자루질하는 모습이 참으로 기특하다.

길게는 초등학교 1학년부터 12년, 짧게는 고교 3년 동안 쌓아온 지식을 단 하루 만에 평가받아야 한다는 사실은 한편으로 가혹하게 느껴진다. 학벌이 중시되는 대한민국 사회에서 '어느 대학 출신?'이라는 꼬리표의 무게감을 잘 알기에, 아이들을 바라보는 마음은 더욱 애틋하다. 92학번인 내가 살았던 시대나 지금이나 크게 달라지지 않은 현실에, 한 사람의 어른으로서 미안한 마음마저 든다.

얼마 전, 수능이 100일 남은 날 나는 무더위 속에서 공부하고 있을 고3 아이들에게 용기를 주기 위해 응원의 문자 메시지를 보냈다.

3학년 여러분 안녕하세요? 이렇게 무더운 날씨에 건강히 잘 있는지 무척 궁금합니다. 어제가 수능 디데이 100일이었습니다. 무더운 날씨에도 아랑곳하지 않고 집에서, 스터디 카페에서, 도서관에서, 학원에서 각자의 자리에서 열심히 공부하는 여러분을 열렬히 응원합니다. 이 순간 여러분이 흘린 땀과 노력은 반드시 100일 후 수능 시험에서 값진 열매로 보답할 것임을 믿습니다. 교장인 저는 학교 뒤편 사찰에서, 집 가까운 성당에서, 마을을 지키는 뒷산 은행나무 앞에서 우리 3학년 학생 모두의 고득점을 기원하며, 힘든 시기를 슬기롭게 헤쳐 나갈 수 있는 힘을 달라고 기도하겠습니다.
파리 올림픽 탁구 16강전에서 오른팔을 잃고도 왼손으로 탁구를 치며 꿈을 이어간 브라질 선수 알렉산드르의 모습에서, 주어진 환경이 아무리 힘들어도 꿈을 포기하지 않고 노력하면 반드시 실현의 날이 온다는 것을 깨달았습니다. 여러분도 절대 꿈을 포기하지 말고 끝까지 노력하는 학생이 되길 바랍니다. 개학 날 건강한 모습으로 만나길 기대합니다.

　그리고 수능 전날에는 아이들의 긴장감을 풀어주기 위해 작은 이벤트를 준비했다. 고3 수험생 모두에게 수능 대박의 염원을 담은 금메달 모양 초콜릿을 목에 걸어 주기로 한 것이다. 수능 전 마지막 급식 시간, 나는 아이들을 응원하며 직접 메달을 걸어 주었다. 평소 스페인 투우사처럼 씩씩하던 아이들이 오늘만큼은 순한 양이 되어 수줍게 웃는다.

　"넌 충분히 잘 할 수 있어!"

　"우리 학교의 자랑이다, 파이팅!"

　"쫄지 말고 자신 있게 풀어라."

　"네가 아는 문제만 나올 테니 걱정하지 마."

　나는 두 주먹을 불끈 쥐고 아이들에게 힘이 될 수 있는 응원의 말을 건넸다. 긴장으로 굳어 있던 얼굴들이 금세 환하게 밝아졌다. 올림픽 금메달리스트처럼 메달을 깨무는 시늉을 하는 아이의 모습은 참으로 예뻤다.

　이런 작은 격려가 학생들의 긴장을 조금이나마 덜어주고, 그동안 흘린 땀방울의 가치 그 이상의 결실로 이어지길 간절히 바랐다. 내일 수능이 무탈히 마무리되어 단 한 명의 아이도 좌절하지 않고 웃으며 교문을 나설 수 있기를 기도했다.

　그리고 수능이 끝난 후 교직원 회의 시간에, 그동안 수능 시험상을 만들기 위해 애써주신 교직원들에게 감사의 말을 전했다.

"교직원 여러분의 헌신적인 노력 덕분에 올해 수능도 무사히 잘 치러냈습니다. 시험 전체를 세심하게 기획하고 운영해 주신 교무부선생님, 학생들이 쾌적한 환경에서 시험에 집중할 수 있도록 교실을 꾸며주신 담임선생님, 물심양면으로 지원을 아끼지 않으신 행정실장님과 주무관님, 수능날 힘내라고 정성 가득한 음식을 준비해주신 영양선생님과 조리사님, 고된 일정 속에서도 감독 업무와 서무를 완벽히 수행해 주신 감독관선생님, 한 치의 오차 없는 방송을 위해 애써주신 방송담당선생님, 그리고 추운 날씨에 온종일 밖에서 학생들의 안전을 책임져주신 안전지도선생님, 무엇보다 이른 새벽부터 늦은 밤까지 수능 업무를 총괄하며 고생하신 교감선생님. 여러분 덕분에 학교는 큰산 하나를 또 무사히 넘었습니다. 모두 정말 고생 많으셨습니다. 깊은 존경과 감사를 표합니다."

（ 교육본질 ）

쓸모없다고 해도
여전히 소중합니다

조금 느려도, 날개가 조금
상했어도 괜찮습니다.
묵묵히 믿고 기다려주는
선생님의 용기가 아이를 다시
날아오르게 합니다.

1. 저마다의 빛으로 빛나는 학교

　매일 아침 교문을 들어서는 아이들의 모습은 참으로 다양하다. 요일마다 원색의 옷을 바꿔 입으며 자신만의 패션 감각을 뽐내는 아이, 마주칠 때마다 씩씩하게 거수경례를 하는 아이, 힙합 전사처럼 멋지게 차려입고 등교하는 아이까지. 학교라는 공간에 있으면 매 순간 다채로운 학생들을 마주하게 된다.

　그 많은 학생들 중에서도 혜교는 내가 이 학교에 부임한 첫날부터 강렬한 인상을 남긴 아이였다. 허리까지 내려오는 긴 생머리를 언제나 단정하게 묶고, 교복 단추는 목 끝까지 채우는 모습이 유행을 따르는 또래들과는 사뭇 달랐다. 특히 인상적이었던 것은 혜교의 가방이었다. 오른쪽 주머니에는 텀블러가, 왼쪽 주머니에는 휴대폰이 꽂혀 있었는데, 2년 동안 이 스타일은 단 한 번도 변함이 없었다.

　혜교의 또 하나 독특한 습관은 언제나 상대방의 눈동자를 정면으로 바라보는 것이었다. 누구든 혜교와 시선을 마주하면 묘한 힘에 이끌려 가던 길을 멈추게 된다. 그 눈빛은 단순히 보는 행위를 넘어, 상대방의 존재를 온전히 수용하고 대화를 갈망하는 무언의 초대장과도 같았다. 나 역시 그 눈빛을 마주할 때면 바쁜 일정 중에도 걸음을 멈추고 혜교에게 말을 건네지 않을 수 없었다.

　학기 초, 학생들을 대상으로 방과후 수입 희망 조사를 했디. 코로나19 종식 이후 교육청에서는 학력 저하를 우려해 무료로 방과후 수업을 받을 수 있도록 예산을 넉넉히 배부했다. 나는 벤치에 앉아 있던 혜교에게 방과후 수업 신청 여부를 물었다. 혜교는 환한 미소를 지으며 피구, 농구, 배드민턴, 배구까지 무려 네 개의 체육 과목을 신청했다고 답했다. 얌전하고 정적인 평소 모습과는 달리 신체활동에 대한 열망이 대단해 깜짝 놀랐다. 많은 고등학생이 입시와 직결된 국어, 영어, 수학과목을 신청하는 것과 달리 혜교는 오로지 체육수업만을 원했다. 인원 제한으로 모든 과목을 배우기 어려울 것이라는 나의 우려 섞인 말에 혜교는 간절한 눈빛으로 도움을 요청했다.

나는 혜교가 왜 이런 선택을 했는지 그 이면을 알고 있었다. 혜교는 소위 '경계선지능'이라 불리는, 배움의 속도가 남들보다 조금 느린 학생이었다. 하지만 그 눈빛과 태도는 누구보다 진지했고, 자신이 원하는 것을 향해 나아가려는 열정은 다른 어떤 학생 못지않게 뜨거웠다.

하워드 가드너(Howard Gardner)는 '우리는 아이들의 순위를 매기는 데 시간을 덜 쓰고, 그들이 가진 타고난 재능과 선물을 발견하고 키워주는 데 더 많은 시간을 써야 한다'[19]고 말했다. 혜교의 모습은 바로 가드너 말의 살아 있는 증거였다. 시험점수로는 드러나지 않는, 그러나 분명히 존재하는 빛을 지닌 아이. 학교는 바로 그런 저마다의 빛을 발견하고 키워주는 곳이어야 한다.

지능을 단일한 능력으로 보는 전통적인 관점에 대해 비판한 하워드 가드너의 이론에 따르면, 인간의 지능은 언어와 논리·수학뿐만 아니라 신체운동, 인간친화, 자기성찰 등 8가지 이상의 영역으로 나뉜다.

혜교는 비록 논리·수학적 지능에서 전통적인 평가 기준에 미치지 못할지라도, 신체운동 지능과 인간친화 지능이라는 강점을 지니고 있었다. 혜교에게 체육 수업은 놀이가 아니라, 자신의 존재감을 확인하고 효능감을 느낄 수 있는 유일한 통로였다.

그러나 우리 교육 현실은 안타깝게도 가드너가 경고한 '순위 매기기'에 여전히 매몰되어 있다. 학교는 표준화된 시험성적에만 관심을 집중하다 보니, 성적이 낮은 아이들은 주변인으로 밀려나기 일쑤였다. 특히 혜교처럼 경계선지능을 가진 학생들은 장애와 비장애 사이의 사각지대에 놓여, 적절한 지원과 교육적 배려를 받지 못한 채 소외의 그늘에 머물게 된다.

혜교는 타인과 연결되고자 하는 강한 욕구와 더불어 탁월한 대화 기술을 지니고 있었다. 자신에게 말을 건네는 사람을 보면 아이처럼 기뻐했고, 대화의 끈이 끊기지 않도록 영리하게 주제를 전환하며 대화를 이어갔다. 이러한 혜교의 인간친화 지능은 때로는 나를 당황하게 할 정도로 능수능란했다. 회의 시간이 임박했음에도 혜교의 질문 공세에 휘말려 늦게 들어간 적이 한두 번이 아니었다.

이러한 행동은 학교 선생님들 사이에서도 유명했다. 혜교는 한 번 대화의 물꼬를 튼 선생님을 '오늘의 타깃'으로 삼아 쉬는 시간마다 교무실을 찾았다. 선생님들은 혜교에게 간택된 동료 교사를 보며 "오늘의 픽(Pick)은 선생님이군요!"라고 농담 섞인 축하를 건네기도 했다.

겉으로 보기에는 엉뚱한 집착처럼 보일 수 있으나, 이는 혜교 나름의 생존 전략이자 자아존중감을 채우려는 노력이었다. 교과 수업이나 모둠 활동에서 소외되며 겪는 무력감을, 선생님과의 친밀한 관계를 통해 보상받으려 했던 것이다.

아이들은 마치 빛이 프리즘을 통과할 때 제각각 고유한 색을 지닌 것처럼, 저마다 지능·성격·재능 등 다양한 스펙트럼을 가지고 있다. 가드너의 주장처럼 모든 인간은 자신만의 독특한 지능 조합을 가지고 태어난다. 학교 교육은 이 다양한 빛깔을 있는 그대로 인정하고, 아이가 자신의 색에 맞는 옷을 입을 수 있도록 선택권을 주어야 한다. 혜교가 간절히 원했던 체육 수업은 바로 자신의 색에 맞는 옷이었다. 교육의 본질은 아이의 열망을 꺾지 않고 그 가능성을 열어주는 데 있다.

그래서 나는 방과후 담당교사를 찾아가 정원이 조금 넘치더라도 혜교가 신청한 모든 과목을 수강할 수 있도록 배려해 달라고 부탁했다. 결국 혜교는 자신이 원하던 모든 수업을 들을 수 있었다. 세상을 다 가진 듯 기뻐하며 "교장선생님, 월화목금 내내 운동할 수 있어요!"라고 자랑하던 그 아이의 목소리는 학교가 존재해야 하는 이유를 다시금 일깨워 주었다.

운동장에서 땀흘리며 달리는 혜교는 더 이상 배움이 느린 학생도, 학교에서 주변인도 아니었다. 그곳에서 혜교는 자신의 재능을 마음껏 발산하며 누구보다 빛나는 주인공이 될 것이다.

교육의 역할은 성적이라는 좁은 틀로 아이들을 재단하는 것이 아니다. 오히려 아이들이 각자가 지닌 잠재력이 프리즘을 통과해 아름다운 무지갯빛으로 퍼져 나갈 수 있도록 해야 한다. 모든 아이가 소외되지 않고 당당하게 자신의 결대로 성장할 수 있도록 든든한 울타리가 되어주는 것, 그것이 학교의 존재 이유이자 우리 교육자가 나아가야 할 길이다.

2. 무용지용의 교육

장자(莊子)는 친구 혜자와 쓸모없는 나무에 대해 토론한다. 혜자가 줄기가 비틀리고 혹이 많아 목수가 거들떠보지도 않는 개똥나무를 가리키며 아무짝에도 쓸모없다고 불평하자, 장자는 이렇게 대답한다.

"당신은 그 나무가 쓸모없다고 걱정하지만, 오히려 그 덕분에 도끼에 찍혀 일찍 죽지 않고 천수를 누릴 수 있는 것이오. 넓은 들판에 그 나무를 심어두고 그 곁에서 한가로이 거닐거나 그 그늘 밑에서 편히 쉬면 되지 않겠소?"[20]

우리는 아이들을 볼 때마다 흔히 재목(材木)이 되라고 칭찬을 건넨다. 좋은 집을 짓기 위한 기둥이나 서까래가 되라는 뜻이다. 그러나 장자의 눈으로 보면 모든 아이가 반드시 누군가의 집을 짓는 재목이 될 필요는 없다. 곧게 뻗어 목재로 쓰이는 나무는 일찍 베어지지만, 굽고 비틀려 목수의 외면을 받은 나무는 수백 년 동안 살아남아 마을 사람들에게 시원한 그늘을 내어주는 수호목이 될 수도 있다. 이것이 바로 '무용지용(無用之用)', 즉 쓸모없음의 역설적인 쓸모다. 겉으로는 무용해 보이지만 결국 가장 큰 의미를 지니게 되는 것이다.

장자의 말은 우리 교육이 놓치고 있는 본질을 일깨운다. 세상의 기준으로는 '쓸모없다'고 여겨지는 존재가 사실은 가장 큰 가치를 지닐 수 있다는 것이다. 현대 교육은 오랫동안 유용성의 잣대로 학생의 가치를 평가해 왔다. 학업성취도와 사회발전에 기여할 수 있는 능력만이 대우받는 구조 속에서, 그 궤도를 벗어난 학생들은 소외되었다. 그러나 교육의 본질은 아이들의 현재 모습에서 쓸모를 찾는 과정이 아니라, 그들이 품은 잠재 가능성을 발견하고 마음껏 발휘할 수 있도록 환경을 조성하는 일이다.

우리 학교에는 윤석이라는 아주 특별한 아이가 있었다. 윤석이는 나를 볼 때마다 마치 전쟁터에서 부하가 사령관을 맞이하듯 깍듯한 거수경례를 붙였다.

"차렷! 충성! 윤영진 교장선생님, 안녕하세요?"

그 우렁찬 목소리는 복도에서 교실까지 울려 퍼졌다. 윤석이는 자폐스펙트럼 장애를 가진 아이다. 세상의 복잡한 언어와 감정을 읽는 데 서툴지만, 운동장에서 달리는 모습을 본 사람이라면 누구도 그를 장애가 있다고 말하지 못할 것이다.

전국 장애학생 체육대회 은메달리스트인 윤석이는 점심시간마다 사회복무요원과 함께 운동장을 달린다. 그 표정은 전설적인 육상선수

못지않게 비장하다. 교육의 효율성만 강조하는 사람의 눈에는 단순한 반복처럼 보일지 모르지만, 윤석이에게 달리기는 자신의 존재 이유를 확인하는 하나의 의식이다.

도연이라는 또 다른 특별한 여학생도 있다. 도연이는 우리 학교의 야구 천재다. 점심시간이면 운동장에서 남학생들과 캐치볼을 하는 도연이의 투구 폼을 보고 있으면 감탄이 절로 나온다. 웬만한 남학생들보다 더 빠른 공이 글러브에 꽂히며 경쾌한 소리를 낸다.

"야구 천재 도연아, 안녕!"

나는 도연이를 만날 때마다 인사를 건넨다. 수줍게 웃는 도연이를 볼 때마다 이 재능을 어떻게 더 단단하게 키워줄 수 있을지 고민이 깊었다. 다행히 야구에 일가견이 있는 체육선생님이 부임하자 가장 먼저 도연이를 부탁했다. 누군가의 재능을 알아보는 한 사람의 시선이 아이의 인생을 어떻게 바꿀 수 있는지 알기 때문이다.

공부는 조금 못할지라도 친구의 아픔에 가장 먼저 눈물 흘려주는 아이, 발표는 서투르지만 급식실 아주머니께 큰소리로 인사하는 아이, 운동 실력은 부족해도 벤치에서 목이 터져라 친구를 응원하는 아이. 이들은 학업성취의 측면에서 '무용'해 보일지 모른다. 그러나 모두 학교 공동체의 소중한 구성원이며, 또 다른 측면에서 '지용'의 가치를 지닌 귀한 존재이다.

장자는 사람이 서 있는 발바닥 크기의 땅이 쓸모있는 이유는 그 주변의 밟히지 않는 나머지 땅들이 든든하게 받쳐주고 있기 때문이라고 했다. 우리 교육도 이와 같아야 한다. 소수의 일등을 빛내기 위해 나머지 아이들을 들러리로 세우는 것이 아니라, 존재 자체로 이미 귀한 아이들이 저마다의 자리에서 단단한 땅이 되어주고 있음을 감사해야 한다.

아이를 무용한 존재로 규정하는 것은 그 아이의 잘못이 아니라, 숨겨진 지용의 가치를 발견하지 못한 우리의 불찰이다. 윤석이의 거수경례에서 타인과 연결되고 싶은 간절한 신호를 읽어내고, 도연이의 투구에서 성별의 벽을 넘는 당당함을 읽어내는 것, 그것이 바로 가르치는 사람의 소명이다.

오늘도 윤석이는 운동장을 달리고, 도연이는 공을 던진다. 쓸모없어 보이는 나무가 훗날 가장 넓은 그늘을 드리우듯, 우리 아이들이 저마다의 무용지용(無用之用)을 간직한 채 큰나무로 성장하기를 바란다. 모든 아이는 이미 그 자체로 귀하고 쓸모 있는 존재이기 때문이다.

3. 결코 헛되지 않은 기다림

학교에는 저마다의 비행 속도를 가진 어린 새들이 산다. 어떤 새는 따스한 상승기류를 타고 단숨에 하늘 높이 치솟아 사람들의 찬사를 받지만, 어떤 새는 보이지 않는 투명한 벽에 부딪혀 힘없이 추락하기도 한다. 교육자의 길을 걷는다는 것은 높이 나는 새에게 박수를 보내는 일이기보다, 차가운 바닥에 떨어진 새를 거두어 다시 날아오를 수 있도록 용기를 주는 일이다.

지민이는 오랫동안 숲속에서 길을 잃은 아이였다. 수업시간의 불편함을 견디지 못해 복도를 끊임없이 배회했고, 시험 시간에는 자신의 미래가 담긴 OMR 카드에 무심한 직선 하나만을 긋고 잠을 잤다. 급기야 지민이는 친한 친구가 있는 학교로 전학을 보내 달라고 떼를 썼다. 부모님마저 지민이의 고집을 꺾지 못해 학교는 위기관리위원회를 열었다. 졸업을 목전에 둔 시점에서 전학을 보내는 것이 과연 최선일까를 논의한 끝에, 우리는 교육적으로 옳지 않다고 판단하여 전학 불허라는 어려운 결정을 내렸다.

이 결정은 단순히 원칙을 지키기 위해서가 아니었다. 지금 이 학교에서 지민이가 마지막으로 누군가의 손을 잡고 일어서는 경험이 소중한 자산이 되리라는 믿음이 있었기 때문이다. 다행히 지민이 곁에는 담임 선생님이 있었다. 선생님은 귀한 10분을 매 쉬는 시간마다 지민이에게 내어주었다.

교사에게 쉬는 시간 10분은 단순한 휴식이 아니라, 학생들에게 쏟아낸 에너지를 보충하고 다음 수업을 준비하는 매우 귀중한 시간이다. 그럼에도 담임선생님은 거의 매 시간마다 찾아오는 지민이를 한 번도 외면하지 않았다. 때로는 엄하게 꾸짖고 때로는 애틋하게 아이의 무너진 마음을 보듬었다. 한때 평교사였던 나조차 '한 아이를 위해

저토록 헌신할 수 있을까' 하는 경외심이 들 정도였다.

프랑스의 작가이자 교사였던 다니엘 페낙(Daniel Pennac)은 학교 교육의 본질을 다음과 같이 비유했다.

> 해마다 똑같은 일이 벌어진다. 나란히 나 있는 투명 유리창에 속아 꽤 많은 제비가 천장 유리에 머리를 찧는 것이다. (중략) 퍽! 기절해 카펫 위로 떨어진다. 그러면 우리 둘 중 하나가 몸을 일으켜 손바닥을 오므린 채 기절한 제비를 감싸안고 다시 깨어나기를 기다렸다가 제 친구들 쪽으로 날려 보낸다. 부활한 새는 아직 좀 비틀거리긴 하지만 되찾은 허공 속을 지그재그로 날아오른다. [21]

페낙의 말처럼, 교육은 비틀거리며 날아가는 학생들을 묵묵히 지켜보며 날개가 부러진 채 혼수상태에 빠진 아이들을 깨우는 일이다. 물론 이 과정이 항상 아름다운 결말로 이어지는 것은 아니다. 어떤 새는 유리창에 부딪혀 끝내 깨어나지 못해 우리의 가슴에 회한을 남기기도 한다. 그럼에도 우리가 노력을 멈출 수 없는 이유는 그들이 우리의 귀한 학생이기 때문이다.

담임선생님은 지민이라는 제비가 깨어나기를 기다리며 자신의 손바닥을 기꺼이 둥지로 내어주었다. 결국 지민이는 선생님의 따뜻한 손바닥 안에서 서서히 돌아왔다. 무기력했던 눈동자에 생기가 돌기 시작했고, 어느 순간부터 교무실을 찾지도 않았다.

이 기적의 정점은 졸업식 날이었다. 식전 행사의 분위기를 단숨에 압도한 화려한 디제잉(DJing)의 주인공은 다름 아닌 지민이었다. 헤드셋을 쓰고 비트를 조율하며 전교생의 환호를 이끄는 아이의 얼굴에는 더 이상 슬픔의 그늘이 없었다. 그애에게 디제잉은 취미를 발산하는 수준을 넘어, 자신을 믿어준 담임선생님의 두 손에서 벗어나 유리창 너머의 하늘로 비상하는 순간이었다.

미국의 교육자 리타 피어슨(Rita Pierson)은 이렇게 말했다. "모든 아이는 지지자를 필요로 합니다. 그들을 절대 포기하지 않고, 연결의 힘을 이해하며, 그들이 할 수 있는 최선의 존재가 되도록 끝까지 주장하는 어른 말입니다."[22]

담임선생님은 지민이가 스스로를 포기하려 할 때조차 그가 최선의 존재가 될 수 있음을 끝까지 믿어준 지지자였다. 지민이는 선생님의 사랑이 만든 기적의 무대 위에서 비로소 자신의 존재를 친구들에게 증명해 보였다.

우리 사회는 아직도 높은 학업성취를 달성한 소수의 아이에게만 화려한 조명을 비춘다. 하지만 학교는 가만히 내버려두어도 스스로 잘 해낼 아이들만을 위해 존재하는 곳이 아니다. 운동장에서 홀로 농구하는 아이, 공부는 못하지만 노래를 잘하는 아이, 벤치에 앉아 슬퍼하는 아이에게도 귀를 기울여야 하는 곳이 바로 학교다. 학교에 적응이 빠른 아이가 있다면 늦는 아이도 있고, 앞서가는 아이가 있다면 잠시 멈춰 선 아이도 있다. 중요한 것은 이들 모두가 우리의 귀한 아들이자 딸이라는 사실이다.

아직 우리 아이들의 미래는 결정되지 않았다. 교실에 앉아 있는 학생들이 장차 사회의 어느 곳에서 어떤 빛을 발할지 우리는 알 수 없다. 오직 확실한 것은 그들 모두가 무한한 잠재력을 품은 씨앗이라는 사실뿐이다. 교육은 이미 완성된 열매를 수확하는 것이 아니라, 씨앗이 온전히 싹을 틔우고 열매를 맺을 때까지 묵묵히 기다려주는 울타리가 되는 일이다.

4. 교육의 본질은 학생의 '결'을 따르는 데 있다

교사 시절, 학생들의 머리에 교과지식을 가장 빠르고 명확하게 넣어주는 것이 '좋은 선생'이라고 믿었다. 수업 종이 울리면 분필 하나만 쥐고 교실에 들어가 교과서도 보지 않은 채 칠판의 왼쪽 상단부터 오른쪽 하단까지 동서양의 철학 체계를 빼곡히 채워 넣을 때, 나는 내가 일타강사에 비견될 만한 완벽한 수업을 했다고 자부했다.

수능 점수를 올리는 것만이 학생을 위하는 유일한 길이라 믿었던 나를 지금 돌이켜보면, 시야가 좁은 편협한 교육자에 불과했다. 나의 열정은 오직 명문대를 통과할 소수의 학생에게만 닿아 있었다. 운동장에서 축구공을 차며 땀 흘리는 아이의 거친 호흡도, 교과서에 만화를 그리며 자신만의 미래를 설계하던 아이의 눈빛도, 복도에서 노래를 흥얼거리던 한 남학생의 꿈도 내 시야에는 들어오지 않았다. 학생들의 고유한 색깔을 지워내고 수능 고득점이라는 무채색의 틀에 그들을 가두려 했던 것이다.

학교의 장(長)이 되고 나서야 비로소 교사 시절에 보이지 않았던 소중한 장면들이 눈에 들어왔다. 교실 구석에서 홀로 책을 읽는 아이, 운동장에서 넘어진 친구의 무릎을 살펴주는 아이, 그리고 묵묵히 아이들의 곁을 지키고 있는 선생님들을 보며 나는 스스로 물었다. 학교는 과연 어떤 모습이어야 하는가. 아이들을 어떻게 성장시켜야 하며, 교사들을 어떻게 지원해야 하는가.

이 질문들에 대한 해답은 역설적이게도 교사 시절에 학생들에게 주입했던 『장자(莊子)』의 우화에 있었다. 바로 '포정해우(庖丁解牛)'의 가르침이었다. 소를 잡는 백정 포정은 무려 19년 동안 수천 마리의 소를 해체했음에도 그의 칼날은 방금 숫돌에 간 것처럼 예리함을 유지했다. 그 경이로운 기술에 감탄한 문혜군이 비결을 묻자, 포정은 칼을 놓고 이렇게 답했다.

"제가 좋아하는 것은 도(道)이니, 재주(技)보다 앞서는 것입니다. 처음 제가 소를 해체할 때에는 보이는 게 모두 소이더니 3년이 지난 후에는 소의 온 모습이 보이지 않게 되었습니다. 요즘 저는 정신으로 소를 대하고 눈으로는 보지 않아서 감각의 작용은 멈추고 정신이 작용하는 대로 따르는데, 소의 결을 따라 살과 뼈 사이의 큰 틈새를 가르고 골절 사이의 큰 구멍에 칼을 넣어 소의 생긴 그대로를 따라가므로 뼈와 힘줄이 얽혀 있는 곳에 부닥치는 적이 없으니, 하물며 큰 뼈야 말할 나위가 있겠습니까."[23]

학교 교육은 억지로 뼈와 살을 분리하는 난폭한 칼이 되어서는 안 된다. 그동안 우리 교육은 아이들이 지닌 고유한 결을 무시한 채 무리하게 칼을 휘두르다 보니, 교사의 열정은 무뎌지고 학생은 상처를 입을 수밖에 없었다. 포정이 말한 '소의 생긴 그대로'를 따라가는 마음이 교육의 본질이라고 보였다.

진정한 교육은 학생이 지닌 결을 따르는 것이다. 포정이 소의 결을 따라 칼을 움직였듯, 교육자 역시 학생 개개인이 타고난 성향과 기질, 재능과 꿈을 세심하게 읽어내야 한다. 성적이라는 단 하나의 잣대가 아니라, 아이가 지닌 수만 가지의 결을 존중하고 그 결대로 가장 아름다운 무늬를 그리며 성장하도록 돕는 것이 학교가 가야 할 길이다.

아이가 자신의 결대로 성장할 때, 그 삶은 비로소 누구도 흉내 낼 수 없는 하나의 예술이 된다. 축구를 좋아하는 아이에게는 넓은 운동장을, 그림 그리기를 좋아하는 아이에게는 무한한 캔버스를, 타인의 마음을 잘 헤아리는 아이에게는 따뜻한 공감을 허락해야 한다.

결을 살리는 교육은 학생에게만 적용되는 것이 아니다. 교사 역시 저마다의 고유한 결을 지니고 있다. 아이들의 결이 다양하듯, 선생님들 또한 각기 다른 교육관과 재능, 성향을 지닌다. 획일적인 교육 행정과 교장의 권위에 의해 선생님의 결이 무시된다면 어떻게 학생들의 결을 세심히 살피고 존중할 수 있겠는가.

나는 우리 선생님들이 각자의 결에 맞게 전문성을 발휘하고 대우받을 수 있도록 조력자가 되려고 노력한다. 교사가 전문성을 발휘하여 자신의 결을 따라 가르칠 때, 아이들의 결도 온전히 존중받는다고 믿기 때문이다.

신영복 선생님은 공동체의 진정한 의미에 대해 이렇게 말했다.

"나무가 나무에게 말했습니다. 우리 더불어 숲이 되자."[24] 숲은 나무 한 그루 한 그루가 모여서 된 것이다. 나무가 모여 숲이 되는 것이지, 나무가 숲으로 변하는 것이 아니다.

세상의 모든 만물은 그 결을 따라 자라고 쓰일 때 가장 빛이 난다. 소나무는 소나무의 결대로, 참나무는 참나무의 결대로 성장할 때 자연은 비로소 조화를 이룬다. 학교도 마찬가지다. 소나무는 소나무답게, 참나무는 참나무답게 자신의 결을 지키며 서 있을 수 있도록 토양과 햇살을 제공하는 공간이어야 한다.

나무가 숲으로 변한 것이 아니라, 각자의 고유함을 유지한 채 서로의 가지를 뻗어 더불어 숲을 이룬 것처럼, 학교도 서로 다른 결을 지닌 교사와 학생이 모여 비로소 하나의 아름다운 교육 공동체가 되는 것이다.

나는 뼈와 힘줄이 얽혀 있는 고단한 교육 현실 속에서도 아이들의 꿈이 상처 입지 않도록, 그들의 고유한 색채가 지워지지 않도록 지켜

주는 든든한 지지자가 되고 싶다. 학생 한 명을 명문대에 보내는 성취
감보다, 소외되었던 한 아이의 결을 존중하고 그 아이의 꿈을 소중히
여기는 교장이 되고 싶다.

5. 세상에서 가장 위대하고도 슬픈 용기

사람들은 흔히 교직을 안정적인 직업이라 말한다. 그러나 가르침
의 행위는 아이의 삶을 자신의 마음으로 받아들여 기꺼이 상처받기를
자처하는 실존적 고뇌가 숨어 있다. 소방관이 거센 불길 속으로 뛰어
드는 것이 생명을 구하기 위한 필연적 선택이듯, 교사 또한 교실에서
길을 잃은 아이의 손을 잡는 데에는 그에 못지않은 결단과 용기가 필
요하다.

교직 경력 2년 차, 고3 담임을 맡았던 시절의 일이다. 늦은 밤, 고
요한 적막을 깨는 전화벨이 요란스럽게 울렸다. 수화기 너머로 들려
온 어머니의 목소리는 공포와 절망으로 가득 차 있었다.

"선생님… 어떡해요? 우리 용수가 경찰서에 끌려갔어요."

누군가를 폭행했다는 혐의로 아들이 연행되었다는 소식은 홀로
아들을 키워온 어머니에게 사형 선고와도 같았다. 그 절박한 외침에
서 나는 교사라는 이름의 무게를 처음으로 뼈저리게 실감했다.

용수는 몸무게가 100kg을 훌쩍 넘는 거구였다. 처음 우리 반에 들어온 선생님들이 겁을 먹을 만큼 험상궂은 인상이었고, 덩치가 워낙 커 책상 밑으로 두 다리가 다 들어가지 않아 한쪽 다리를 밖으로 빼고 앉아야 했다. 사정을 모르는 선생님들은 자세가 불량하다며 나에게 하소연했지만, 정작 용수 앞에서는 아무 말도 하지 못했다.

외모와 달리 심성이 고왔던 용수는 의외로 아이들을 좋아했다. 장래 희망은 유치원선생님이었다. 하지만 외모 때문에 동네 불량배들의 표적이 되었고, 결국 그들이 저지른 폭행을 억울하게 뒤집어쓰고 법정에 서게 되었다. 초임 교사였던 나는 법정 증인석에 서야 한다는 사실 앞에서 깊은 갈등과 두려움에 빠졌다.

그때 용기를 준 교육 사상가가 바로 파커 파머였다. "교사가 가르침을 사랑하면 할수록 그것은 가슴 아픈 작업이 된다. 가르침의 용기란, 마음의 수용 한도보다 더 많은 것을 수용하도록 요구당하는 그 순간에도 마음을 열어 놓는 것을 말한다."[25] 그의 저서 『가르칠 수 있는 용기』에서 읽을 수 있었다.

그러나 타인의 삶에 깊숙이 개입하여 상처받을 것을 알면서도 마음을 열어두는 행위는 교육자가 지녀야 할 가장 고통스러운 덕목이었다. 용수의 억울함과 어머니의 고통을 내 마음으로 받아들인다는 것은 나의 수용 한도를 훌쩍 뛰어넘는 일이었으나, 나는 용수의 진실을 밝히기 위해 기꺼이 마음을 열기로 결심했다.

그의 평소 행실과 성품에 대해 동료 교사와 학생들의 진심 어린 목소리를 탄원서에 담았고, 법정 증인석에 서서 용수가 품었던 꿈과 맑은 영혼에 대해 간곡히 호소했다. 다행히 용수는 무혐의 처분을 받아 누명을 벗었다.

비록 긴 법정 싸움으로 유치원 선생님의 꿈은 접어야 했지만, 그는 자신을 믿어준 학생들과 선생님 덕분에 졸업할 수 있었다. 훗날 장학사가 된 나를 찾아온 용수는 두 아이의 아버지이자 성실한 정육점 사장이 되어 있었다.

"선생님, 그때 선생님이 아니었으면 지금의 저는 없었을 겁니다."

그의 눈물 젖은 고백을 들으며, 나는 교육이 한 인간의 전생애에 끼치는 커다란 영향력을 실감했다.

노벨 문학상 수상자인 존 스타인벡(John Steinbeck)은 "나는 위대한 스승을 위대한 예술가라고 믿는다. 가르치는 일은 어쩌면 가장 위대한 예술일 것이다. 왜냐하면 그 재료가 바로 인간의 마음과 영혼이기 때문이다."[26] 라고 했다. 스타인벡의 통찰처럼, 교사는 학생의 인생에 조명을 비추는 연출가와 같다. 이 역할은 가슴 아픈 작업일 수밖에 없다.

매일 아침 교실 문을 여는 수많은 교사에게는 소방관이 화마 속으로 뛰어들 때와 같은 용기가 필요하다. 교사는 한계점에 다다랐을 때조차 아이를 향해 다시 한번 마음을 열어야 한다. 이것이야말로 세상에서 가장 위대하고도 슬픈 용기이다. 가르침이 때로는 가슴 아프고 때로는 우리를 무력하게 만들지라도, 우리가 끝내 마음을 닫지 않는 이유는 다루는 재료가 세상에서 가장 귀한 아이의 영혼이기 때문이다.

6. 단 한 명의 아이도 포기하지 않는 교육

"선생님, 우리 아이 좀 살려주세요. 아이가 잘못을 저지른 건 잘 알고 있습니다. 마땅히 처벌을 받아야 한다는 것도요. 하지만 우리 아이에게 치료와 보호가 필요합니다. 홀로 아이를 키우며 먹고 살기 바쁘다 보니, 내 새끼가 이 지경이 된 줄도 몰랐습니다. 가해를 한 것은 분명하지만, 피해자를 위한 지원은 있어도 가해자를 위한 대책은 어디에도 없습니다. 병원에서 치료를 받고 싶어도 비용이 너무 비싸 저 같은 형편에는 엄두조차 나지 않습니다."

교육청에서 학교폭력 업무를 담당할 때 찾아온 한 어머니의 절박한 호소였다.

학교폭력이 발생하면 피해 학생의 부모가 찾아오지만, 이처럼 가해 학생의 부모가 직접 찾아오는 경우는 극히 드물다. 나는 어머니를 상담실로 안내해 따뜻한 차 한 잔을 건네며 이야기를 들었다. 일찍 세상을 떠난 남편의 이야기, 홀로 식당 일을 하며 궂은일을 마다하지 않고 아이를 키워온 세월, 생계를 위해 새벽에 나갔다 밤늦게 귀가하며 자녀를 홀로 두어야 했던 사정, 또래보다 발달이 늦어 학교에서 말썽을 일으키게 된 배경까지. 나는 묵묵히 어머니의 고단한 삶을 경청했다.

어머니는 자녀가 벌을 받는 것만으로는 나아질 수 없다고 했다. 상담과 치료가 절실하다고 호소했지만, 비싼 병원비 탓에 엄두를 내지 못한다고 했다. 담당자로서 마땅한 도움을 줄 방법이 없어 마음이 답답했다.

우리나라의 학교폭력예방법은 가해자에 대한 처벌 위주로 구성되어 있다. 전문가에 의한 특별교육이나 심리치료 프로그램이 마련되어 있기는 하지만, 그것만으로는 근본적인 변화를 이끌어내기에 턱없이 부족하다.

이 아이들이 건강한 시민으로 성장하기 위해서는 가해 학생 개개인의 상황에 맞는 적절한 치료와 지원이 반드시 병행되어야 한다. 특히 가정형편이 어려운 학생들에게는 실질적인 도움을 줄 수 있는 구체적인 방안이 절실하다.

'왜 가해자에게 이런 지원을 해야 하느냐'고 반문할 수도 있다. 그러나 이는 단순히 가해 학생도 우리 아이라는 원론적 온정주의 때문만은 아니다. 이 아이가 제때 치료받지 못한다면 언젠가 또 다른 폭력의 가해자가 될 가능성이 크다. 무엇보다 자녀를 살려 달라는 부모의 절박한 호소를 공교육이 외면해서는 안 되기 때문이다.

한 달쯤 지났을 무렵, 그 어머니에게서 다시 전화가 왔다.

"선생님, 정말 감사합니다. 모두가 가해자라고 손가락질 할 때 제 하소연을 끝까지 들어주신 것만으로도 큰 힘이 되었습니다. 쉽지 않겠지만, 우리 아이가 선한 마음을 회복해서 친구들과 사이좋게 지낼 수 있도록 부모로서 더 열심히 노력하겠습니다."

나는 반드시 도울 방법을 찾아보겠노라 다시 약속했다. 다행히 백방으로 수소문한 끝에 지역 청소년상담센터로부터 기쁜 소식을 들을 수 있었다. 센터 측에서 아이를 위해 비용부담 없이 장기간 상담치료를 지원해 주기로 한 것이다. 나는 그 소식을 지체 없이 어머니에게 전했다.

교육에서 '단 한 명의 아이도 포기하지 않는다'는 의미는 단순히 잘못을 덮어주는 것이 아니다. 오히려 자신의 행동이 가져온 결과에 대해 정직하게 직면하게 하는 것이다. 잘못에 대해 책임을 묻는 과정은 스스로 행동에 책임을 질 줄 아는 건강한 시민으로 길러 내기 위한 필수 과정이다.

책임을 가르치지 않는 교육은 아이에게서 성장의 기회를 박탈하는 것과 같다. 그러나 엄중하게 책임을 묻는 것만으로 교육의 역할을 다했다고 할 수는 없다. 아이가 책임을 진 이후에도 다시 설 수 있는 자리를 마련해 주는 것이 공교육의 책무이다. 특히 경제적·사회적 환경이 어려운 아이들에게 교육 기관은 최후의 보루가 되어야 한다.

교육의 책무성은 교사 개인의 헌신만으로는 불가능하다. 이것은 책임 있는 연대를 통해서만 가능하다. 학교, 교육청, 지역 사회가 함께 손을 맞잡을 때, 단 한 명의 아이도 포기하지 않는 교육이 비로소 현실이 된다.

7. 미래 사회를 여는 열쇠, 민주시민교육

우리 아이들이 살아갈 미래 사회는 디지털 소통의 증가로 인한 관계의 복잡성, 인공지능 발달에 따른 윤리적 갈등, 그리고 기후 위기라는 세 가지 큰 흐름으로 요약된다. 학교는 이러한 변화에 대비해 학생들이 과학기술 발전이 가져올 다양한 문제 상황에서 합리적이고 윤리적인 결정을 내릴 수 있도록 돕고, 서로 다른 배경을 가진 사람들과 공존할 수 있는 포용과 협력의 민주시민교육을 실천해야 한다.

민주시민교육의 출발점은 학생 개인이다. 학생 한 명 한 명은 고유한 인격체이며, 그 어떤 이유로도 차별받아서는 안 될 귀한 존재임을 스스로 깨닫게 하는 교육이 선행되어야 한다. 아무리 훌륭한 가르침이라도 학생이 존중받는 경험을 하지 못하거나 스스로 귀한 존재임을 발견하지 못한다면 타인을 향한 진정한 배려와 공감을 할 수 없다.

따라서 학교는 학생 모두가 사랑과 존중을 받고 있다는 것을 느낄 수 있도록 학교 문화를 조성하는 데 많은 노력을 기울여야 한다. 존중받는 경험은 단순한 예절 교육을 넘어, 자신이 공동체의 소중한 일원이라는 자각을 심어주는 첫걸음이 된다.

민주시민교육에서 중요한 또 하나는 '관계 맺음'이다. 학생은 주변 친구들과 소통하는 과정에서 자신의 존재 이유를 발견한다. 그러나 코로나19 팬데믹을 거치며 아이들은 관계 맺기에 심각한 어려움을 겪고 있다. 오랜 고립과 단절은 아이들의 사회적 기술을 약화시켰고, 친구와의 갈등을 해결하는 능력도 크게 줄어들었다.

관계 맺기에 서툰 아이들을 외면하는 순간, 학교 교육은 실패한다. 인간다움은 고립된 개인이 아니라 타인과의 관계 속에서 비로소 드러나기 때문이다. 따라서 교사는 학생들이 서로의 다름을 존중하고 협력하는 경험을 꾸준히 제공해야 한다. 작은 모둠 활동, 공동프로젝트, 학급 자치 활동은 단순한 과제가 아니라 민주시민성을 길러내는 중요한 과정이다.

또한 민주시민교육은 체계적이고 지속적으로 이루어져야 한다. 많은 학교가 조종례 시간에 잠깐 다루거나 피드백 없는 동영상 시청으로 대체하는 경우가 많지만, 이런 방식으로는 학생들에게 바람직한 시민성을 길러줄 수 없다.

아리스토텔레스는 '덕은 본성적으로 주어지는 것이 아니라 습관을 통해 형성된다'라고 했다. 반복적이고 체계적인 교육을 통해 습관화해야 비로소 품성이 함양된다는 것이다. 시민성은 단발적 행사로 길러지지 않는다. 매일의 일상에서 꾸준히 경험하고 실천할 때 비로소 내면화된다.

시민교육은 특정 교과 교사만의 몫이 아니다. 교과 교사가 모두 함께해야 한다. 수학수업을 참관한 적이 있었다. 선생님은 오직 수학만 가르쳤지만, 학생들은 배려와 협력의 가치를 저절로 배우고 있었다.

모둠 수업에서 수학을 잘하는 학생이 못하는 학생의 눈높이에 맞춰 설명해주고, 함께 어려운 문제를 풀어내는 과정에서 자연스럽게 더불어 살아가는 시민성이 길러지고 있었다.

이처럼 교과 특성에 맞게 시민 교육을 녹여내어야 한다. 국어시간에는 토론을 통해 타인의 의견을 존중하는 법을 배우고, 과학시간에는 실험 협력을 통해 공동의 목표를 이루는 경험을 쌓을 수 있다. 모든 교과가 민주시민교육의 장이 될 수 있다.

가정과의 연계도 필수적이다. 가정은 시민교육을 하는 최초의 학교이다. 학교에서 아무리 지속적인 교육을 해도 가정과 함께하지 않으면 성공할 수 없다. 학교 선생님이 무단횡단하지 말라고 가르쳐도, 아이가 엄마 손을 잡고 무단횡단을 한다면 학교 교육은 무용지물이 된다. 따라서 가정과 학교가 긴밀히 협력해야 한다. 부모가 보여주는 작은 행동 하나가 아이에게는 가장 강력한 시민교육이 된다.

민주시민교육의 성패는 리더의 태도에 달려 있다. 학교에서의 리더는 교장만이 아니다. 담임교사, 교과 교사, 행정실 직원까지 학생에게 본보기가 되어줄 어른이라면 모두 리더이다. 리더의 위치에 있는 사람은 솔선수범해야 한다.

특히 교사는 가르침과 행동이 일치해야 한다. 교행일치(敎行一致), 즉 교사의 말과 행동이 하나가 될 때 학생들은 진정한 시민성을 배운다. 교사가 말로는 존중을 강조하면서 실제로는 학생을 무시한다면 교육은 무너진다.

교육학자 로버트 캐슬런(Robert Caslen)은 저서『인성의 힘(The Character Edge)』에서 학교가 지향해야 할 민주시민교육의 방향을 제시한다. 그는 '시민교육은 구체적인 실천과 행동을 동반해야 하며, 그 행동은 세상을 이롭게 하는 유익함을 지녀야 한다'고 강조한다. 그리고 '세상을 이롭게 하는 행위는 결국 그 이익을 제공한 당사자에게도 돌아온다는 것을 깨닫게 해야 한다'고 말한다.[27]

우리는 흔히 타인을 돕거나 공동체를 위해 헌신하는 행위를 일방적인 희생으로 생각한다. 그러나 선한 실천은 세상과 나 자신 모두를 풍요롭게 만드는 선순환의 구조를 가진다. 결국 학교에서의 민주시민교육은 타인을 위한 배려와 생태적 공존을 가르치는 일인 동시에, 학생 스스로의 행복과 내면의 성장을 도모하는 가장 좋은 방법이다. 민주시민 교육은 미래 사회를 살아갈 아이들에게 단순한 덕목이 아니라, 삶을 지탱하는 가장 중요한 열쇠가 된다.

※ 위 내용은 저자가 '2024 한중일 국제학술대회'에서 발표한 원고를 재구성한 것임.

8. 모두가 주인인 학교

학교의 주인이 누구냐는 질문에 습관적으로 '학생'이라고 답한다. 틀린 말은 아니다. 학교의 교육 활동은 모두 학생의 성장을 중심에 두기 때문이다. 그러나 책 한 권이 세상에 나오기까지는 저자의 집필만으로 완성되지 않는다. 편집자의 세심한 교정과 교열, 인쇄소의 정성스러운 작업이 함께 어우러져야 비로소 독자 앞에 설 수 있다. 학교 역시 마찬가지다. 교실에서 학생이 배움의 주인공으로 빛나기 위해서는 그 무대 뒤에서 묵묵히 땀 흘리는 수많은 스탭들의 헌신이 필요하다.

학교의 스탭은 아이들에게 삶의 지혜를 가르치는 교사뿐만 아니라 교육 행정을 책임지고 안전을 살피는 주무관, 아이들의 맛있는 급식을 준비하는 조리실무사, 화장실을 깨끗하게 청소하는 분까지 다양하다. 이들은 학생들을 위해 보이지 않는 곳에서 묵묵히 자신의 역할을 다하는 고마운 존재들이다.

교사는 학교에서 가장 직접적으로 학생과 소통하는 존재이다. 교사가 학교의 주인이라는 것은 수업권을 보장받는 것을 넘어, 학교의 교육 방향과 운영에 주체적으로 참여함을 의미한다. 교사가 단순히 행정의 객체가 되어 교장의 지시 사항을 이행하는 데 그친다면, 그 교육은 생명력을 잃는다.

행정직원의 꼼꼼한 업무처리는 교육활동의 역동성을 보장하고, 조리실무사의 정성은 학생들의 건강을 책임진다. 시설주무관의 바쁜 손길은 안전한 학습 환경을 만든다. 이들이 스스로를 학교의 주인으로 인식하고 존중받는 문화가 정착될 때, 학교는 비로소 모두가 주인인 공동체가 된다.

모두가 주인'이라는 말은 모두가 동일한 권한을 가진다는 뜻이 아니다. 각자의 위치에서 주인의식을 발휘하고 협력한나는 의미다. 이를 위해서는 민주적인 의사결정 구조가 필수적이다. 학생회, 학부모회뿐만 아니라 교직원 회의가 실질적인 소통의 장이 되어야 하며, 학교 운영의 중요한 결정 과정에 모든 구성원의 목소리가 담겨야 한다.

이러한 주인의식은 갈등 해결의 열쇠가 되기도 한다. 최근 학교 현장에서 발생하는 교권 침해나 구성원 간의 갈등은 대개 서로를 주체가 아닌 대상으로 보기 때문에 발생한다. 서로를 존중하고 주인으로 인정할 때 갈등은 줄어들고, 협력은 깊어진다.

진정한 주인의식은 자신의 권리를 주장하는 데 그치지 않는다. 내가 머무는 공간과 그 공간에 연결된 타인을 귀하게 여기는 마음에서 비롯된다. 흔히 교실바닥에 침을 뱉거나 학교 물건을 함부로 다루는 아이들을 보며 개탄한다. 그러나 이는 내가 머무는 공간이 나의 일부라는 연결감을 느끼지 못하기 때문에 발생하는 문제다. 자신의 방 침대 위에 침을 뱉는 사람은 없다. 학교를 나의 일부인 삶의 터전으로 인식할 때 아이들은 성숙한 시민으로 성장한다.

일 년에 네 번 열리는 교육공무직원들과의 간담회는 학교에서 자칫 소외되기 쉬운 분들의 고충을 직접 듣고 마음을 나누는 자리였다. 급식실의 숨 막히는 열기, 행정업무의 압박, 시설관리의 노고를 귀담아들으며, 우리 아이들이 배우고 마음껏 뛰어놀 수 있는 일상이 결코 당연한 것이 아니라 이분들의 보이지 않는 헌신 덕분임을 다시 깨닫는 소중한 시간이었다.

간담회에서 나는 다음부터는 조금 더 편안하고 격식 없는 자리에서 소통할 것을 제안했다. 리더의 진정한 역할은 구성원들이 단순한 노동력을 제공하는 사람이 아니라, 각자의 분야에서 전문성을 발휘하는 전문가로서 존중받고 있음을 느끼게 해주는 데 있다.

'리더는 입은 무겁되 지갑은 가벼워야 한다'는 선배 교장의 조언을 되새겨본다. 지갑이 가벼워야 한다는 것은 돈을 쓴다는 의미를 넘어, 리더의 따뜻한 말과 행동으로 구성원들이 소중한 존재임을 자각하게 해주는 것을 뜻한다. 말 한마디의 무게, 작은 배려의 힘이 학교 공동체를 지탱하는 가장 큰 기둥이 된다.

학교의 주인은 학생뿐만 아니라 교직원 모두이다. 학생은 학교의 주인으로서 스스로 배우고 성장하며, 교직원도 학교의 주인으로서 학생의 배움과 성장을 위해 안전하고 행복한 학교 환경을 만든다. 이처럼 학교는 지식을 전달하는 공간을 넘어 삶과 삶이 만나고, 서로의 가치관이 충돌하면서 다 함께 성장하는 공동체이다.

건강한 공동체는 구성원 모두가 자신이 이 공간의 주인이라는 의식을 가질 때 유지된다. 교육 공동체 누구 하나가 소외되거나 도구화되지 않는 공간, 모든 구성원이 자신의 존재 가치를 존중받는 공간이 내가 꿈꾸는 학교의 모습이다.

(리더십)

권위보다 존중이
행복한 학교를 만듭니다

말 한마디가 교실의 공기를
바꾸고, 경청의 태도가 학교의
문화를 바꿉니다. 리더십은
지시가 아니라, 마음을 여는
언어에서 시작됩니다.

1. 좋은 권위, 지위가 아닌 존중

말수가 적은 편이다. 하지만 회의나 협의 자리에서 가장 나중에 목소리를 내는 이유는 단순히 성격만은 아니다. 리더의 말이 지닌 무게와 영향력이 가볍지 않기 때문이다. 학생·학부모·교사 사이의 관계를 적절한 온도로 조율하는 교장의 자리는 결코 단상 위에서 지시를 내리는 자리가 아니라는 믿음이다.

MBTI 성격유형 검사에서 '수호자'형 ISFJ로 분류되는 나는 갈등 상황에서는 타협과 수용이 높고 경쟁은 낮게 나타난다. 경쟁에서 얻게 될 환호보다 패자가 느낄 상실감에 더 깊이 반응하는 성향이다. 운동 경기에서도 모두의 즐거움이 되기 바라는 마음으로 가능하면 동점을 만들거나 경우에 따라 패배를 선택하기도 한다.

이같은 성향은 리더십에 장점이 되기도 하고 한계를 가져오기도 한다. 누군가가 상처받을 것을 배려해 타인의 감정을 세밀하게 살피는 태도는 조직 분위기를 부드럽게 하지만, 관계에서 오는 스트레스로 일과 후 지치게 만들기도 한다. 불편한 말을 해야 하는 순간에 느껴지는 서툰 감정은 리더가 넘어야 할 과제이기도 하다.

리더의 직분을 감당할 수 있는 힘은 존중과 신뢰의 관계를 실천하는 데서 나온다. 권위를 내세우거나 독단적 결정을 피하고, 모든 구성원이 충분히 의견을 개진할 때까지 기다려야 한다. 오래전부터 교복 자율화를 시행해 오던 우리 학교에 부임하게 되었을 때, 나는 3개월 동안 교복자율화가 학생의 태도와 학습환경에 미치는 영향을 면밀히 관찰했다. 수차례 학생·학부모·교사들과 대화의 장을 마련하면서, 복장의 규정을 바꾸기로 했다.

충분한 숙의를 거쳐 도출된 결정은 강력한 수용성과 지속가능성을 담보한다. 교복의 중요성을 일방적으로 주장하기보다 구성원들 스스로 필요성을 느끼고 합의에 이를 때까지 기다린 것이다. 반대하는 학생들에게는 언제든 교장실에서 건의해도 좋다고 전달하여, 학생 한 명 한 명의 의견을 수렴하고 존중하면서 어떤 결정을 위해 성급하지 않으려고 했다.

회의에서 가장 중요한 리더십의 태도는 '경청'이다. 리더가 앞서 말하기보다 구성원의 의견을 충분히 듣고 존중할 때 살아 있는 대화의 장이 된다. 또한 회의의 목적과 진행과정을 투명하게 공유하면 회의 참여자들이 방향을 이해하고 같은 목표를 향해 나아갈 수 있다. 발언 기회를 균등하게 보장하고 다양한 의견을 수렴하는 과정은 공동의 결론을 도출하는 힘이 된다.

실패를 두려워하지 않는 문화도 필요하다. 잘못된 제안이나 기대에 못 미친 결과조차 학습의 기회로 받아들이고, 책임은 리더가 감당한다는 안전망을 제공할 때 합의된 결론은 실행력과 수용성을 높일 수 있고, 지속가능한 결과를 만들어 낸다. 무엇보다 존중과 신뢰를 기반으로 한 리더십은 서로 성장을 돕는 힘으로 작동하며, 학교 문화를 건강하게 이끌어 간다.

　학교 행사가 기대에 못 미치거나 결과가 좋지 않더라도 '괜찮다'라고 말하며 '모든 책임은 교장이 진다'는 점을 강조한다. 실수나 실패에 대한 두려움은 교사의 의지를 꺾지만, 리더가 보장하는 심리적 안전감은 교사들을 변화시키는 동력이 된다. 리더의 역할은 지시가 아니라, 구성원이 실패를 두려워하지 않고 열정적으로 일할 수 있도록 울타리가 되어주는 것이다.

　이러한 수평적이고 인간적인 태도를 두고 누군가는 교장의 권위가 약해지는 것 아니냐는 우려를 표할 수 있다. 그러나 권위는 억압이 아니라 신뢰와 존중에서 비롯된다. 권위(Authority)의 어원은 라틴어 'Auctoritas'이다. 이는 '발명하다, 창조하다, 일으키다'라는 뜻을 내포한다. 리더십 전문가 조너선 레이먼드(Jonathan Raymond)는 『좋은 권위(Good Authority)』에서 '진정한 권위란 타인을 통제하는 힘이 아니라, 타인에게 생명력을 불어넣고 그들을 성장시키는 힘이다. 좋은 권위는 지위에서 나오는 것이 아니라, 리더가 구성원의 성장에 얼마나 헌신하느냐에서 나온다'라고 말한다. [28] 권위란 새롭게 발견하고 창조하게 하는 긍정적인 힘이다. 상대를 억누르는 힘이 아니다.

　결국 리더의 권위는 스스로 부여하는 칭호가 아니라, 구성원들이 말과 행동을 보고 자발적으로 부여하는 존경의 마음이다. 학교 구성원의 요구를 충족하고, 그들이 성장할 수 있도록 '좋은 권위'를 발휘해야 한다. 권위는 구성원을 존중하면서 말보다 행동과 책임으로 증명

되는 것이다.

2. 손흥민의 리더십을 발휘하는 교육자

　손흥민은 지난해 유로파리그 우승 트로피를 들어 올린 토트넘의 주장이다. 전 세계 인구 4명 중 1명이 시청한다는 프리미어리그에서 아시아인이 명문 구단의 주장을 맡는다는 것은 결코 쉬운 일이 아니다. 그러나 손흥민은 실력과 리더십으로 이를 증명했고, 많은 사람들의 환호를 받았다. 그렇다면 학교의 리더가 손흥민과 같은 리더십을 발휘한다면 어떤 변화가 일어날까.

　언제나 자신보다 팀을 먼저 생각하는 손흥민. 승패가 공존하는 냉혹한 프로 세계에서 많은 스타 선수는 승리할 때는 자신의 공을 내세우고, 패배할 때는 동료를 탓한다. 하지만 손흥민은 다르다. 결승골을 넣어 승리한 날에도 그는 '동료들의 도움 덕분'이라며 함께 영광을 나눈다. 반면 패배했을 때는 누구도 탓하지 않고 오직 자신의 부족함을 언급하며 고개를 숙인다. 승리의 공은 나누고 패배의 짐은 홀로 짊어지는 태도, 이것이야말로 리더의 참된 모습이다.

　리더십은 성과를 독점하지 않고 구성원의 공을 드러내는 데서 빛난다. 좋은 일이 생겼을 때 그것을 자신의 치적으로 내세우기보다 담당자의 노력으로 돌리고, 예기치 못한 문제니 불미스러운 일이 발생했을 때는 책임을 회피하지 않는다. 설령 구성원의 실수였다 해도 조직의 모든 일에 대한 최종 책임은 리더에게 있다. 리더가 먼저 방패가 되어줄 때 비로소 조직 내 신뢰가 생긴다. 책임을 회피하면 그 피해는 결국 구성원과 공동체에 돌아간다. 두려움 없는 환경을 만들어야 구성원들이 소신껏 일하고 헌신할 수 있다.

실력 이전에 따뜻한 인품을 지닌 손흥민은 휴머니스트다. 축구를 잘하는 선수는 많지만, 인성과 겸손까지 갖춘 '진짜' 스타는 드물다. 인터뷰가 끝난 뒤 마이크를 두 손으로 공손히 정리하는 모습은 영국 현지인들에게 신선한 충격을 주었다. 사람을 대하는 태도에서 몸에 밴 겸손함이 느껴졌기 때문이다. 또한 암 투병 중인 아버지를 위해 만남을 요청한 팬을 주저 없이 찾아가 삶의 용기와 희망을 선물한 일화는 그가 존경받는 이유를 잘 보여준다

리더십도 마찬가지다. 보이지 않는 곳에서 묵묵히 헌신하는 이들을 귀하게 여기고, 진심 어린 감사와 지지를 보낼 때 조직은 따뜻해진다. 구성원을 존중하는 태도는 결국 공동체 전체에 선한 영향력을 끼친다. 리더가 먼저 인간적인 존중을 실천할 때, 그 마음은 구성원과 조직 전체에 자연스럽게 전해진다.

손흥민은 주변에 긍정적인 에너지를 준다. 어린 시절 아버지와 함께 독일로 축구 유학을 간 손흥민은 어려움 속에서도 끊임없이 노력하여 지금과 같은 세계적인 선수가 되었다. 손흥민은 왼발과 오른발을 자유자재로 사용하는 세계 최고의 선수이다. 왼발 감각을 익히기

위해 축구화 끈을 묶을 때도, 심지어 신발을 벗을 때조차 왼쪽부터 시작했다는 일화는 그의 집념을 보여준다.

실력만큼 빛나는 것은 그의 태도다. 그는 언제나 밝은 미소로 운동장에 나선다. 영국인들조차 그의 한결같은 밝음에 감탄할 정도다. 구단 내에서 그를 싫어하는 사람이 없을 만큼, 손흥민의 환한 미소와 친화력은 주변 사람들에게 긍정 에너지를 전파하고 있다.

교장도 '미래 사회를 대응하기 위해 우리 아이들을 어떻게 교육할지?', '이를 위해 학교를 어떻게 경영해야 할지?'에 대해 끊임없이 자문해야 한다. 학생과 선생님이 성장할 수 있도록 미래 교육에 대한 비전을 제시하는 것이 리더의 첫 번째 책무이기 때문이다.

또한 손흥민이 긍정의 힘으로 주장의 역할을 수행하듯, 나 역시 학교에 건강하고 밝은 에너지를 불어넣고자 노력한다. 물론 교장도 힘든 순간은 있다. 하지만 카메라 앞의 연예인이 프로다운 미소를 잃지 않은 것처럼 나 또한 개인적인 감정을 뒤로하고 늘 밝은 얼굴로 학생들과 선생님을 맞이하려고 한다.

다시 말해 리더는 미래를 대비하며 끊임없이 자문해야 한다. 구성원이 성장할 수 있도록 비전을 제시하는 것은 리더의 첫 번째 책무다. 손흥민이 긍정의 힘으로 주장 역할을 수행하듯, 리더도 조직에 건강하고 밝은 에너지를 불어넣어야 한다. 힘든 순간에도 밝은 얼굴로 구성원을 맞이하는 태도는 행복한 공동체를 만드는 첫 단추다.

손흥민은 진정한 프로다. 경기장 밖에서는 따뜻한 휴머니스트지만, 휘슬이 울리는 순간 냉철한 승부사로 변한다. 팀의 승리를 위해 가차 없이 쓴소리를 하기도 하지만, 그 바탕에는 언제나 팀에 대한 헌신이 있다. 이기든 지든 마지막 순간까지 동료를 독려하고 팬들과 호흡하는 그의 모습은 진정한 프로가 무엇인지 보여준다.

리더십도 이와 같은 프로 정신을 필요로 한다. 추진하려는 활동에 반대 의견이 있더라도 공동체의 성장을 위해 꼭 필요한 길이라면 과감하게 추진해야 한다. 그러나 확신이 독단으로 흐르지 않도록 경계해야 한다. '이것이 과연 학교와 교사와 우리 아이들에게 유익한가?'라는 질문은 리더 혼자만이 아니라 교사들과 함께 답을 찾아야 한다. 동의 없는 정책은 오래가지 못하며, 학교 구성원 모두가 자발적으로 움직일 때 비로소 변화가 일어난다.

행복한 학교를 만들기 위해서는 선생님들의 자발적 참여가 중요하다. 아무리 좋은 정책도 선생님들의 마음을 얻지 못하면 무용지물이기 때문이다. 그렇기에 나는 섣부르게 동기부여를 하거나 성과를 재촉하지 않는다. 선생님들이 전문성을 발휘할 수 있는 최적의 여건을 만들어주는데 주력하고 '때'를 기다린다. 기다림은 '우리가 왜 이 일을 해야 하는지?'에 대한 철학을 공유하고, 충분한 공감대가 형성될 때까지 숙의하는 과정이다. 선생님의 진심이 결여된 교육은 결코 오래갈 수 없다.

3. 실수를 대하는 리더의 태도

"이번 지필평가에서 문제 하나를 잘못 출제했습니다. 좀 더 꼼꼼하게 검토했어야 하는데 죄송합니다. 아무래도 복수정답을 인정해야 할 것 같습니다."

"그럴 수 있지요. 일부러 그런 것도 아닌데요. 사람이 하는 일이니 실수할 수 있다고 봅니다. 시험 보기 전까지 여러 차례 검토한 것도 잘 알고 있습니다. 너무 속상해하지 마세요."

"네, 고맙습니다. 다음부터는 더 철저히 검토하여 이런 오류가 발생하지 않도록 하겠습니다."

"선생님, 어깨를 펴십시오. 이런 일로 의기소침해서는 안 됩니다."

시험은 학생의 학업 성취 수준을 판단하는 중요한 도구이다. 시험을 통해 학생의 수준을 진단하고 그 결과를 교수·학습에 반영하므로 문제 출제의 정확성은 매우 중요하다. 전국연합학력평가와 대학수학능력시험은 출제 환경과 시스템이 잘 갖추어져 있어 오류 가능성이 거의 없다. 그러나 학교 현장의 출제 환경은 열악하다. 많은 문제를 교사 한두 명이 짧은 기간에 출제하고, 출제 기간도 길어야 일주일에 불과하다. 동교과 교사가 여러 차례 검토를 하더라도 사람이 하는 일이기에 실수나 오류가 발생할 수 있다.

학생이나 학부모로부터 시험 문제에 대한 이의 제기가 접수되었을 경우, 출제 교사 혼자 자의적으로 판단해서는 안 된다. 교사는 사신의 오류를 인정해야 한다는 자괴감이나 재시험 등 뒤따를 행정 절차가 두려워 순간적으로 상황을 덮고 싶은 유혹에 빠지기 쉽다. 이는 작은 문제를 크게 만드는 결과로 이어질 수 있다. 아무리 교사 개인이 출제했다 하더라도 인쇄되어 배포된 시험지는 학교 전체의 공동 책임이다. 따라서 문제가 발생하면 즉시 교감과 교장에게 보고하고, 동료 교사와 협의하여 해결의 골든타임을 놓치지 말아야 한다. 초기 대응을 지혜롭게 하지 못하면 학교가 감당해야 할 부담은 눈덩이처럼 불어 난다.

출제 오류가 발생했을 때 교장의 태도 역시 중요하다. 나는 즉각적인 책임 추궁이나 질책을 하지 않는다. 이미 담당교사는 자신의 실수로 괴로워하고 있는데, 교장이 나서서 교사를 몰아세운다면 심리적 위축감 때문에 오히려 사태 수습을 그르칠 수 있다. 질책보다는 지혜로운 해결이 먼저이다. 재발 방지를 위한 조언은 모든 상황이 정리된 후에 해도 늦지 않다. 시스템이 완벽한 수능에서도 출제 오류는 발생한다. 중요한 것은 신속하게 교과협의회와 학업성적관리위원회를 소집하여 최적의 해법을 찾는 일이다.

만약 시험 문제 오류가 빈번하게 발생한다면 출제 환경을 살펴서 변화를 주는 것도 필요하다. 내가 시도했던 가장 효과적인 방법은 교사들이 학생처럼 시험을 치러보는 것이었다. 특정 장소에 모여 실제 시험 시간과 동일하게 문제를 풀어보면 검토 과정에서 놓쳤던 오탈자와 논리적 오류를 많이 발견할 수 있다.

또한 출제 전문가를 초빙하여 노하우를 공유하는 교과별 연수를 병행하는 것도 출제 역량을 높이는 훌륭한 대안이 된다. 더 나아가 인쇄가 끝난 이후라도 시험 직전까지 오류가 발견되면 언제든 재인쇄할 수 있는 분위기를 조성하는 것도 중요하다. 그래야 교사들이 두려움 없이 실수를 바로잡고 더 나은 평가 문항을 만들 수 있다.

우리는 신(神)이 아니기에 누구나 실수를 할 수 있다. 중요한 것은 같은 실수가 반복되지 않도록 하는 것이다. 실수를 저지른 교사에게 상처를 주기보다 오히려 그 마음을 어루만지려고 노력해야 한다. 질책과 책임 추궁은 교사의 자존감을 무너뜨릴 뿐 문제 해결에는 도움이 되지 않는다. 오히려 격려와 위로가 훨씬 효과적일 때가 많다. 교사가 실수를 통해 배우고 성장하도록 돕는 것이 중요하다.

교사가 위축되지 않고 자존감을 지켜낼 때 그 혜택은 고스란히 우리 아이들에게 돌아간다고 믿는다. 결국 교사의 성장은 학생의 성장으로 이어지고, 이는 교육의 본질을 지켜내는 길이다.

4. 리더십의 핵심, 교사의 잠재력을 이끄는 힘

학교가 위기라는 말은 이제 낯설지 않다. 그러나 최근의 위기는 과거와는 결이 다르다. 교사의 정당한 교육 활동이 충분히 보호받지 못하는 현실, 사이버 폭력을 포함해 점점 더 지능화되고 심각해지는 학교폭력, 그리고 인공지능과 같은 급격한 기술발달로 인한 교육패러다임의 혼란은 학교 현장을 더욱 힘들게 하고 있다.

정부는 다양한 대응책을 내놓지만, 아무리 훌륭한 정책이라도 교실 안에서 교사의 마음을 움직이지 못한다면 결국 힘을 잃고 만다. 학교의 변화를 이끄는 진짜 힘은 정교한 시스템이 아니라 교사의 자발적이고 주도적인 실천 의지이기 때문이다.

교사가 새로운 변화를 불필요한 업무가 아니라 자신의 전문성을 발휘할 기회로 받아들일 때, 학교는 위기 속에서도 스스로 살아남을 힘을 갖게 된다. 따라서 교장은 교사가 가진 잠재력을 발견하고, 그것을 교육적 성과로 이어지도록 환경을 조성해야 한다. 교장의 역할은 단순히 행정적 관리자가 아니라, 교사가 자신의 역량을 발휘할 수 있도록 길을 열어주는 안내자이자 동반자이기 때문이다.

축구에서도 비슷한 사례를 찾을 수 있다. K리그1의 명문 구단 전북 현대는 지난 시즌 최하위권까지 떨어졌지만, 감독이 바뀌자 지난해와 같은 선수들로도 빠르게 상위권으로 도약하였다. '축구는 감독 놀음이다'라는 말처럼, 리더가 구성원의 잠재력을 어떻게 끌어내느냐에 따라 결과는 완전히 달라질 수 있다. 학교도 다르지 않다. 교장은 교사 개개인의 교육적 잠재력을 발견하고, 그것을 마음껏 발휘할 수 있도록 적극적으로 지원해야 한다. 교사가 스스로의 힘을 믿고 수업을 설계할 때, 학생들의 배움은 훨씬 더 깊고 풍성해진다.

리더십 연구자인 리즈 와이즈먼(Liz Wiseman)은 『멀티플라이어』에서 리더를 두 가지로 구분하였다. 구성원을 위축시켜 역량을 절반도 쓰지 못하게 만드는 '디미니셔(Diminisher)'와, 구성원을 더욱 똑똑하게 만들어 조직 성과를 극대화하는 '멀티플라이어(Multiplier)'이다.[29] 교장은 교사들의 잠재력을 이끌어내는 멀티플라이어가 되어야 한다. 특히 '의도치 않은 디미니셔(Accidental Diminisher)'가 되지 않도록 주의해야 한다.

학교 발전을 위해 끊임없이 아이디어를 제안하는 교장은 자칫 창의적 제안이 아닌 과중한 업무 지시로 받아들여질 수 있다. 또한 교사의 어려움을 즉각 해결해주는 교장은 단기적으로는 효율적일 수 있으나, 장기적으로는 교사가 스스로 문제를 해결하며 전문가로 성장할 기회를 빼앗을 수 있다. 진정한 멀티플라이어 교장은 교사를 대신해 문제를 해결해주는 사람이 아니라, 교사가 스스로 해결할 수 있는 힘을 기를 수 있도록 곁에서 지지하고 기다려 주는 사람이다.

교사의 잠재력을 끌어내기 위해서는 책임감에 대한 이해도 달라져야 한다. 조너선 레이먼드는 『좋은 권위』에서 책임감을 누군가를 비난하거나 압박하는 도구가 아니라, 상대방이 잠재력을 최대한 발휘할 수 있도록 돕는 리더의 가장 적극적인 사랑의 표현이라고 강조한다.[30] 학교에서 교장의 책임감은 교사가 전문가로서 잠재력을 발휘할 수 있도록 끝까지 지지하고 돕겠다는 약속이어야 한다.

이러한 믿음이 있을 때 교사는 공식적인 교수학습 과정뿐 아니라 학생과의 상호작용이 일어나는 모든 순간에서 자신의 전문성을 드러낼 수 있다. 리더의 책임감은 통제의 수단이 아니라 신뢰의 언어이며, 교사에게는 자신이 존중받고 있다는 확신을 주는 힘이 된다.

물론 정신적인 지지뿐 아니라 실질적인 환경개선도 필요하다. 대한민국 교사의 업무 강도는 매우 높다. 주당수업을 많게는 23시간 이상을 해야 하고, 학생간 갈등을 중재하며, 교육청에서 내려오는 수많은 공문을 처리해야 한다. 이런 상황에서 가장 중요한 수업 준비와 학생상담이 뒷전으로 밀리면 교사의 전문성은 약화될 수밖에 없다.

단위 학교 차원에서 행정업무를 획기적으로 줄이는 데는 제도적 한계가 있지만, 교장이 세심하게 살핀다면 불필요한 관행적 업무를 덜어낼 수 있다. 행정 업무를 줄이는 것은 단순히 편의를 도모하는 일이 아니라, 교사가 가진 잠재력을 교육활동에 온전히 쏟을 수 있도록 공간을 마련해 주는 일이다. 교사가 본연의 교육활동에 집중할 수 있을 때, 학교 교육의 목표인 학생의 성장과 행복은 비로소 실현될 수 있다.

학교의 리더십은 결국 사람을 향한다. 교장의 리더십은 교사를 향하고, 교사의 리더십은 학생을 향한다. 이 선순환이 이루어질 때 학교는 위기 속에서도 흔들리지 않고, 오히려 더 단단해진다. 교사가 자신의 잠재력을 발휘할 수 있는 환경을 갖춘 학교는 학생들에게도 안전하고 풍요로운 배움의 공간이 된다. 결국 리더십의 핵심은 단순히 관리의 기술이 아니라, 사람을 성장시키는 힘이다. 교사의 잠재력을 이끌어내는 리더십이야말로 학교를 지탱하는 가장 중요한 기둥이다.

5. 교사가 행복해야 학생이 웃는다

"교장선생님, 며칠 전 가정선생님이 수업시간에 안 좋은 일이 있었나 봅니다."

"저런, 무슨 일인가요?"

"수업 중에 자는 학생을 깨웠더니 아이가 대뜸 '왜 나만 갖고 그러느냐'라고 하면서 욕을 했다고 합니다. 지도하려고 앞으로 불렀더니 교탁 위의 선생님 책을 바닥에 내동댕이치기까지 했답니다."

"아니, 그 정도면 사안이 심각한데, 선생님은 왜 바로 알리지 않으셨을까요?"

"워낙 그런 행동을 자주 하던 아이라 '참고 지나가면 괜찮겠지' 하고 그냥 넘어갔다고 합니다. 그런데 그 뒤로 계속 가슴이 두근거리고 눈물이 나서 도저히 못견디겠다며 오늘 아침에야 저를 찾아와 말했습니다."

학교에서 교사와 학생간의 갈등을 해결하기란 참으로 어렵다. 얼마 전까지만 해도 우리 사회는 교사의 정당한 교육 활동이 침해받는 사안에 대해 큰 관심을 두지 않았다. 해결방식 또한 피해 교사의 치유나 회복 중심이 아니라 학생들의 학습권을 보호해야 한다는 논리로만 접근하였다. 가해자는 문제 학생이고 피해자는 수업을 방해받은 학생들이라는 구도 속에서 정작 상처를 입은 교사는 철저히 배제된 것이다.

여기에는 예부터 가르치는 사람은 무조건 인내하고 모범을 보여야 한다는 사표(師表)로서의 역할을 강요받았기 때문이다. '선생님이 학생을 위해 참아야지'라는 무언의 강요 속에서 교사들은 침묵해야만 했다. 이러는 사이 교사의 마음은 서서히 병들어 갔다.

나는 교육 활동 침해를 당한 선생님이 죄책감에 빠지는 경우를 많이 보았다. '내가 학생을 감정적으로 대응해서 이런 사태를 만들었어', '내가 더 잘 지도했어야 했는데'라며 상황을 온전히 자신의 탓으로 돌리는 것이다. 역설적으로 책임감이 강한 교사일수록 더 심하게 나타난다. 이러한 자책은 자괴감과 무기력감으로 이어진다. '과연 나에게 교사 자격이 있는가?'라는 존재론적 회의감에 휩싸이고, 급기야 '아무리 노력해도 바뀌지 않는다'는 절망감에 빠져 교육에 대한 의욕마저 상실하게 된다.

더 심각한 것은 고립감과 우울감이다. '아무도 나를 도와주거나 지켜주지 않는다'는 생각은 학교와 사회에 대한 불신과 함께 교사의 마음을 병들게 한다. 문제는 선생님들의 이런 고통을 외면하면 그 피해는 결국 우리 아이들에게 돌아간다는 것이다.

나는 정당한 교육 활동을 침해받아 상처 입은 선생님을 대할 때 무엇보다 치유를 최우선에 둔다. 행정적인 처리보다 중요한 것은 선생님을 진심으로 위로하고 회복을 돕는 것이다. 상처받는 선생님에게 교장은 기댈 수 있는 든든한 언덕이자 어른이 되어주어야 한다.

나는 마치 깨지기 쉬운 유리를 조심스럽게 만지듯 진심을 다해 위로와 지지를 보낸다.

"얼마나 힘드셨습니까?"

"혼자 끙끙 앓지 말고 언제든 도움을 요청하세요."

"수업과 아이들 걱정은 마세요."

이와 같이 교사의 마음을 먼저 살피는 것이야말로 학교가 지켜야 할 가장 중요한 원칙이다. 진심 어린 위로를 한 뒤에 관련 지침을 꼼꼼히 숙지하여 절차대로 일을 진행한다. 선생님에게 관련 규정을 정확히 안내하여 법의 테두리 안에서 보호받을 수 있도록 돕기 위해서이다.

무엇보다 중요한 원칙은 투명성이다. 나는 교권침해 사안을 축소하거나 은폐하지 않고 사실 그대로 교육청에 보고하여 처리한다. 그것이 피해 선생님을 지키는 가장 확실한 길이기 때문이다. 학생에 대한 조치 또한 신중을 기한다. 물론 잘못된 행동에 대해 엄중한 책임을 묻는 것이 교육의 기본이다.

하지만 처벌만이 능사는 아니다. 아이에게 심리·정서적인 결핍은 없는지, 가정형편에 어려움은 없는지 등을 세심히 살펴 필요한 교육적 조치를 병행한다. 신기하게도 학교가 아이의 또 다른 면을 살펴봐줄 때 학생은 마음을 열고 자신의 잘못을 뉘우친다. 이럴 때 학생은 비로소 선생님에게 진심 어린 사과를 한다. 학생의 진심 어린 사과만큼 상처받은 선생님의 마음을 온전히 치유하는 약은 없다.

"교장선생님 고맙습니다. 따뜻한 위로와 지원 덕분에 다시 힘을 낼 수 있었습니다.”

“별말씀을요. 많이 좋아졌다고 하니 정말 다행입니다. 언제든 도움이 필요하면 주저 말고 말씀하세요.”

예상했던 대로 문제를 일으킨 학생은 최근 들어 심리·정서적으로 큰 어려움을 겪고 있었다. 담임선생님도 평소 각별히 신경을 쓰던 아이였다. 하지만 사정이 그렇다 하더라도 교사의 정당한 교육활동을 방해하고 인권을 침해한 행위가 정당화될 수는 없다.

잘못된 행동에 대해 분명한 책임을 지고 반성하게 만드는 것이야말로 진짜 교육이다. 학생이 행복하게 배우고 훌륭한 시민으로 자라나길 바란다면 매일 그 아이들과 눈을 맞추고 호흡하는 교사가 먼저 행복해야 한다. 교사가 웃을 때 학생도 웃고, 교사가 지치면 학생도 함께 지친다. 결국 교사의 행복은 학생의 행복과 직결되는 것이다.

6. 위기학생의 학부모를 대하는 방법

학교에는 ‘위기관리위원회’라는 기구가 있다. 이름 그대로 위기상황에 놓인 학생이 다시 학교 생활에 잘 적응할 수 있도록 돕는 기구이다. 교장이 위원장을 맡고, 교감·행정실장·상담·보건·담임·학년부장교사 등 학생을 가장 가까이에서 지켜보는 교직원들이 함께 참여한다. 통상 이 위원회는 자해나 자살 시도 등 생명과 직결된 위험한 행동이 있거나 그 가능성이 있을 때 개최된다.

안타깝게도 코로나19 팬데믹 이후 마음의 병을 앓는 아이들이 부쩍 늘었다. 그래서 내가 있는 학교는 위기관리위원회 개최 요건을 넓혔다. 자해나 자살 징후뿐만 아니라 학교폭력 피해, 잦은 무단결석 등 심리·정서적으로 어려움을 겪는 모든 학생을 대상으로 개최한다.

긴급사안이 발생하면 즉시 위원회를 열고, 정기적으로는 한 달에 한 번 담임교사가 반에서 힘들어하는 학생을 파악해 보고하면 위원들이 모두 모여 도울 방법을 함께 고민한다. 생명과 직결된 위기사안이 발생하면 보호자의 참석은 필수이다.

무거운 발걸음으로 교장실에 들어오는 부모님들의 얼굴에는 고마움과 죄송함이 교차한다. 고마움은 안도감에서 비롯된다. 그동안 부모가 전적으로 자녀의 아픔을 감당했는데 이제 학교 선생님들이 함께 고민하고 돕겠다고 손을 내밀었기 때문이다.

반면 '죄송함'은 우리 사회 특유의 정서에서 비롯된다. 자식 가진 부모는 모두 죄인이라는 오래된 인식 때문이다. 사실 자녀의 문제행동은 부모의 탓만은 아니다. 기질적이고 복합적인 요인이 얽혀 발생한 일임에도 부모들은 모든 것을 자신의 잘못이라 자책한다. 그래서 자녀의 상황을 이야기할 때 열이면 아홉은 눈물을 흘린다. 그럴 때면 그 자리에 함께한 선생님들도 마음으로 같이 운다.

위원장인 교장의 역할은 매우 중요하다. 가장 중요한 것은 보호자가 편안하게 이야기할 수 있도록 위원회의 분위기를 만드는 일이다. 나는 학부모가 들어오면 미리 준비한 따뜻한 차를 대접한다. 학부모 앞에는 티슈도 놓아둔다. 이야기를 하다가 눈물을 흘릴 때 사용할 수 있도록 하는 작은 배려이다.

처음에는 교장인 내가 학부모를 이토록 극진하게 대하는 모습을 보고 선생님들이 놀라는 눈치였다. 그러나 여기에는 깊은 뜻이 담겨 있다. 내가 부모님을 가족처럼 귀하게 대하는 모습을 통해, 우리 선생님들도 같은 마음으로 위기에 처한 학생을 따뜻하게 안아주기를 바라는 무언의 메시지이다.

분위기 조성만큼 중요한 것은 전문적인 식견을 발휘하는 일이다. 나는 위원회가 열리기 전 학생의 상태를 면밀히 파악하고, 교장으로서 내릴 수 있는 교육적·행정적·심리적 처방을 미리 생각한다. 그리고 위원회가 시작되면 두 가지 말을 조심한다.

첫째, "학교가 책임지고 원하는 것을 다 해주겠습니다"라는 발언을 삼가한다. 듣기에는 좋지만 현실적으로 불가능한 짐을 선생님들에게 지우는 결과가 될 수 있기 때문이다.

둘째, "부모로서 자녀에게 더 신경 쓰셔야 합니다"라는 말이다. 죄책감으로 힘들어하는 학부모를 더 괴롭게 하는 말이 될 수 있기 때문이다.

위기학생의 회복은 학교나 부모 혼자서 해결할 수 있는 문제가 아니다. 학교의 교육적 지도와 가정의 돌봄이 함께 이루어져야 한다. 필요하다면 의학적 치료나 전문상담과 같은 외부 자원도 적극적으로 활용해야 한다. 학생이 처한 상황에 맞춰 학교·가정·외부기관(지자체, 의료기관)의 지원이 유기적으로 작동할 때 비로소 아이는 다시 일어설 힘을 얻는다.

위원장으로서의 마지막 역할은 부모에게 심리적 위안과 안정을 주는 일이다. 나는 위원회가 끝나면 종종 부모님께 따로 면담을 청한다. 여러 선생님 앞에서는 차마 꺼내지 못한 속내를 듣고 부모를 위로하기 위해서이다.

"아이가 아픈 건 절대 부모님 잘못이 아닙니다."

"혼자만 겪는 불행 같지만, 실은 아픈 아이들이 많습니다. 특히 코로나 이후 그 숫자가 엄청나게 늘었으니 너무 자책하지 마세요."

"비행기 사고 시 부모가 먼저 산소마스크를 써야 아이를 구할 수 있듯 부모님의 몸과 마음이 먼저 건강해야 아이도 지킬 수 있습니다."

이렇게 부모님께 전한다. 그 어떤 교육적 조치보다도 이 순간 나누는 따뜻한 말 한마디가 부모를 다시 힘을 내게 하는 용기가 된다고 믿는다.

아이들의 아픔에는 성역이 없다. 전교 1등도 아프고, 꼴찌도 아프다. 친구들에 둘러싸인 인싸도 아프고, 홀로 지내는 아싸도 아프다. 남학생 여학생 가릴 것 없이 누구나 아플 수 있다. 위기관리위원회에서 만난 부모님들의 소원은 한결같다.

“꼴등 해도 좋으니, 제발 학교만 잘 다녔으면 소원이 없겠습니다.”

성적도 대학도 다 필요 없다고 말한다.

언젠가 소위 명문대에 갈 정도로 공부를 잘하던 학생이 마음의 병을 얻어 위원회가 열린 적이 있다. 회의를 마치고 그 학생의 어머니가 건넨 말이 아직도 생생하다.

“교장선생님, 아침에 책가방 메고 학교에 가는 아이의 뒷모습이… 그게 그렇게 아름다운 건지 미처 몰랐습니다.”

7. 리더가 범하는 명백한 오류

부임한 이후 학생들에게 언제든 교장실에 와도 좋다고 말했더니, 요즘 부쩍 아이들이 찾아와 학교에서 일어난 일들을 알려주곤 한다. 어느 날 세 명의 학생이 어두운 표정으로 할 말이 있다고 찾아왔다. 수업시간에 선생님이 건넨 말에 깊은 상처를 입었다는 것이다. 아마도 선생님의 몇몇 표현이 아이들의 마음에 상처를 준 모양이었다. 나는 아이들을 달래고 시원한 음료수를 건네며 교실로 보냈다.

그렇지 않아도 얼마 전 학부모들로부터 선생님의 발언이 자녀들에게 상처를 주고 있다는 민원을 받은 적이 있었다. 학생들까지 교장실로 찾아온 이상 해당 사안을 그냥 넘길 수는 없었다.

하지만 마음이 무거웠다. 25명이 넘는 아이들 앞에서 매시간 열정을 쏟아야 하는 교사의 고충을 누구보다 잘 알기에, 해당 선생님을 직접 불러 말하기가 쉽지 않았다. 상처받은 학생과 학부모의 말을 전했을 때 선생님이 느낄 자괴감과 당혹감을 외면하기 어려웠기 때문이다.

고민 끝에 내가 선택한 방법은 전체 교사에게 편지를 보내는 것이었다. 우리 집에서 키우는 고양이 이야기를 빌려 메시지를 부드럽게 전달하려고 했다. 너무 귀여운 마음에 소리지르며 안으려 했던 나의 서툰 사랑이 고양이에게는 오히려 공포가 되어 도망치게 했다는 일화를 담았다. 마찬가지로 교사의 열정이 때로는 학생들에게 상처가 될 수 있으니 조금만 더 세심하게 살펴달라는 부탁을 했다.

이렇게 편지를 보낸 후, 스스로 꽤 괜찮은 리더십을 발휘했다고 안도했다. 그런데 일이 잘 해결됐다고 생각하고 있을 무렵, 선배 교장 선생님을 만났다. 평소 학교에 문제가 있을 때마다 조언을 해주는 선생님에게 이번 사안을 말씀드렸다. 학생과 학부모의 이의제기가 있었고 이것을 편지라는 형식으로 잘 마무리했다고 하자, 선생님은 잘 해결된 것 같지만 그렇지 않을 수도 있다고 말했다.

대부분 교사는 자신의 말이 학생에게 미치는 영향력을 잘 알고 있으며, 한 사람의 잘못된 언행을 고치기 위해 전체 교사에게 메시지를 전달하는 것은 자칫 이미 잘하고 있는 교사에게 실망감을 줄 수 있다는 말씀이었다. 곱씹어보니 옳은 조언이었다.

학교장 리더십 전문가 토드 휘태커 교수는, 학교 리더가 범하는 가장 치명적인 실수 중 하나는 전체에게 보내는 메시지라고 하였다. 그는 훌륭한 교장이라면 단 한두 사람의 부적절한 행동을 해결하기 위해 전체 교사에게 적용되는 규칙을 만들거나 메시지를 보내는 일을 해서는 안 된다고 주장하였다.

토드 휘태커가 강조하듯, 학교 리더는 우수한 교사를 보호하고, 문제상황을 구체적으로 다루어야 한다.[31] 이 관점에서 볼 때, 모든 교사에게 편지를 써서 민원의 내용을 전달한 나의 행동은 크게 두 가지 측면에서 명백한 오류를 범하고 있었다.

첫째, 나의 편지는 학교에서 잘 하고 있는 우수 교사들에게 불쾌감을 만들었다. 이미 자신의 언어 사용에 늘 신중을 기하던 교사들은 나의 편지를 읽으며 불필요한 부담과 심리적 상처를 입었을 것이다. '나는 이미 최선을 다하고 있는데, 교장선생님은 왜 이런 당연한 소리를 전체에게 하시는 걸까?'라는 의문은 그들의 열정을 갉아먹는다.

둘째, 정작 변화가 필요한 교사는 나의 편지를 읽고도 변하지 않는다는 것이다. 문제를 일으킨 당사자는 전체 공지를 보고 '아, 이건 내 이야기구나'라고 반성하는 경우가 거의 없다는 것이다. 그들은 오히려 그 글을 자신과는 무관한 것으로 치부하거나, 리더의 비유를 단지 흥미로운 이야기 정도로 소비해 버린다. 결국 나의 메시지는 허공으로 흩어지고, 학생이 입은 상처에 대한 실질적인 치유나 재발 방지는 이루어지지 않는다.

내가 전체 편지를 선택한 진짜 이유는 선생님을 배려해서가 아닐 수도 있다. 해당 선생님과 직접 마주 앉아 불편한 진실을 이야기해야 하는 그 어색함을 피하고 싶었을지도 모른다. 휘태커 교수는 전체 규칙을 만들거나 공지하는 행위를 가리켜 '리더가 문제의 핵심 인물과 직접 대면하여 대화해야 하는 불편함을 회피하려는 비겁한 선택'이라고 꼬집었다.

배려 윤리학자 나딩스(Nel Noddings)는 '진정한 배려란 피배려자의 현실을 있는 그대로 수용하고, 그들의 필요에 응답하는 것'이라고 하였다.[32] 내가 학생을 진정으로 배려했다면, 그 학생에게 상처 입힌 구체적인 상황이 재발하지 않도록 해당 교사와 심도 있는 대화를 나누었어야 했다. 또한 교사를 진정으로 생각했다면, 자신의 언어적 습관이 아이들에게 어떤 영향을 미치는지 스스로 깨닫고 성장할 기회를 직접 대면을 통해 제공했어야 했다. 전 교사에게 보내는 모호한 편지는 학생에게는 실질적인 보호가 되지 못했고, 교사에게는 성장의 기회를 박탈한 결과가 되었다.

학교의 문화를 결정짓는 것은 '누가 가장 뛰어난가?'가 아니라 '리더가 부적절한 행동에 어떻게 대응하는가?'에 달려 있다. 나는 선배 교장선생님의 조언에 따라 해당 교사와 직접 대화했다.

"선생님의 의도가 학생을 위하는 마음이었다는 것을 잘 압니다. 그런데 몇몇 학생들이 선생님의 말에 큰 상처를 입었다고 합니다. 선생님은 어떻게 생각하시는지요?"

대화는 쉽지 않았지만, 그 과정에서 교사도 자신의 언어 습관을 돌아보고 학생을 대하는 태도를 성찰할 기회를 얻었다.

이 사건을 계기로 학교 앞 관악산의 단풍이 무르익기 위해 시간이 필요하듯, 리더가 성찰을 통해 성장하는 데도 시간이 필요하다는 것을 깨달았다. 쉽지 않겠지만 모두에게 착한 교장이라는 허울을 벗으려고 노력한다. 단 한 명의 교사라 할지라도 그와 진정성 있게 마주 앉아 교육의 본질을 논하는 불편한 용기를 내려 한다. 그리고 그 과정에서 학생과 교사 모두가 더 나은 배움의 길을 찾을 수 있도록 돕는 것이야말로 리더의 진정한 역할임을 다시금 확인한다.

8. 왜 부탁하면 기꺼이 응답할까?

사람들은 흔히 논리적인 근거가 상대를 변화시키는 가장 강력한 무기라고 믿는다. 그러나 아리스토텔레스는 '설득은 말하는 이가 청중의 감정을 움직여 그들이 특정한 판단을 내릴 수 있는 심리 상태가 되었을 때 성립한다'라고 하면서[33], 설득의 핵심 요소는 논리적인 근거(Logos) 외에 상대의 마음을 헤아리는 공감(Pathos)과 말하는 이의 인격적 신뢰(Ethos)도 중요하다고 하였다.

아무리 논리가 탄탄해도 마음의 문이 닫혀 있다면 그 어떤 조언도 잔소리에 불과하다. 공감대(Pathos)가 없는 상태에서의 동의는 진심이 결여된 가짜 행동일 가능성이 높으며, 이는 권위에 눌린 일시적인 복종일 뿐이다. 건전한 학교 조직은 단발적인 명령이 아닌 지속적인 신뢰 관계를 통해 유지된다. 특히 직급체계가 단순하고 구성원의 자발성이 중요한 학교는 상대의 마음을 헤아리는 리더십이 더욱 절실하다.

타인의 마음을 살피는 일은 쉽지 않다. 논리만 내세우는 것보다 훨씬 더 많은 감정 에너지를 요구하기 때문이다. 상대의 허점을 공격하여 내 주장을 관철하는 것은 수월할지 몰라도, 상대와 나 자신의 감정을 동시에 살피며 배려하는 일은 고통스러운 인내가 필요하다. 하지만 이것이야말로 진정한 설득의 과정이다.

설득의 완성은 말하는 사람의 인격적 신뢰, 곧 인품(Ethos)에 달려 있다. 아리스토텔레스는 이것이 설득의 세 요소 가운데 가장 결정적인 힘을 지닌다고 보았다. 아무리 논리가 치밀하고 공감 능력이 뛰어나더라도, 그 사람이 살아온 궤적이 신뢰를 주지 못한다면 상대를 온전히 움직일 수 없다는 것이다. 이러한 맥락에서 교육자에게 최고의 에토스는 바로 '교행일치(教行一致)'라 할 수 있다. 이는 단순히 말과 행동이 일치해야 한다는 '언행일치'를 넘어, 가르치는 내용과 교사의 삶 자체가 어긋나지 않아야 한다는 뜻이다.

파커 파머는 저서 『가르칠 수 있는 용기』에서 '스승의 힘은 교수 방법과 인품이 일치할 때 가장 강력하게 발휘되고, 이를 위해 교사는 자신의 내면을 살피고 성품을 알아내야 한다'고 강조하였다.[34] 따라서 교장이 학교운영의 방향을 제시하고 교직원의 협력을 이끌어내고자 할 때, 단순히 규정이나 행정적 논리에만 의존해서는 안 된다. 무엇보다 평소 쌓아온 인격적 신뢰를 바탕으로, 교사들의 고충을 깊이 공감하는 태도가 선행되어야 한다. 교장의 진정성 있는 자세가 앞설 때, 교사들은 비로소 자발적으로 움직이며 교실에서 아이들과 함께 성장하는 기쁨을 누리게 된다.

언젠가 한 교사가 진지한 표정으로 물은 적이 있다.

"왜 교장선생님이 어떤 일을 부탁하면 거절하지 않고 기꺼이 그 일을 맡을까요? 그 비결이 무엇입니까?"

그때 웃음으로만 답했지만, 사실 이렇게 말하고 싶었다.

"아마 선생님의 마음을 잘 살피고 헤아리려 노력했기 때문이 아닐까요?"

학교는 교사, 교육행정직, 학부모 등 다양한 주체가 학생의 행복과 성장을 위해 함께 힘쓰는 공공기관이다. 이곳에서 교장은 그저 행정적 의사결정을 내리는 관리자가 아니다. 학교 구성원의 내면을 살피고, 그들이 교육적 소명을 잃지 않도록 돕는 조력자이어야 한다.

9. 모든 것은 기본에서 시작한다

월드클래스 축구선수로 우뚝 선 손흥민의 성공 뒤에는 영원한 스승인 아버지 손웅정 씨의 확고한 교육철학이 있었다. 그가 집필한 『모든 것은 기본에서 시작한다』[35]는 뛰어난 운동선수를 길러낸 경험담을 넘어, 인간을 온전하게 성장시키는 교육의 본질을 담고 있다. 그의 리더십과 삶의 궤적에서 학교 경영에 필요한 리더의 자질을 찾아볼 수 있었다.

사람이 먼저다

"상대가 넘어지는 것을 보면 그 상황이 아무리 공을 툭 차면 골문으로 들어갈 수 있는 좋은 찬스라 해도 공을 바깥으로 차내라. 사람부터 챙겨라. 너는 축구선수이기 이전에 사람이다. 사람이 먼저다."

교장은 휴머니스트가 되어야 한다. 아무리 좋은 결과와 성과가 눈앞에 있더라도 구성원의 아픔과 상처를 외면한 채 자신의 교육철학을 무리하게 추진해서는 안 된다. '사람이 먼저'임을 알아야 한다. 아픈 학생을 먼저 살피고, 이들을 위해 학교가 도울 수 있는 것이 무엇인지 늘 관심을 가져야 한다. 학생뿐 아니라 교직원의 어려움에도 세심한 배려가 필요하다.

지식보다 중요한 것은 인성 교육이다

"축구의 화려한 기술을 익히는 것이 다가 아니다. 훌륭한 인성을 갖추고 인생을 겸손과 감사, 성심함으로 대할 줄 알아야 한다. 축구가 중요한 것이 아니라 사람이 되어야 한다."

축구를 잘하는 선수는 많지만, 인성까지 훌륭한 선수는 드물다. 손흥민의 사례는 인성교육의 가치를 잘 보여준다. 학교 교육의 가장 큰 목표는 학생들을 건전하고 건강한 시민으로 성장시키는 것이다. 이를 위해 교육은 단순히 일류대학 진학만을 목표로 해서는 안 된다. 타인을 배려하고 사회와 지구촌 문제에 관심을 가지며 이를 개선하려는 시민으로 키워야 한다. 학교장은 학생들의 바람직한 인성 함양을 위해 교육과정을 재구성하고, 교사들이 인성교육 전문가로 성장할 수 있도록 적극 지원해야 한다.

뒤에서 받쳐주는 리더십

"내가 가장 좋아하는 축구선수는 손흥민이고, 나는 세상에서 가장 행복한 볼보이라고. 내가 아들과 축구를 한 시간은 그 무엇과도 바꿀 수 없는 시간이라고."

손흥민이 세계적인 축구선수가 될 수 있었던 것은 아버지 손웅정 덕분이다. 그는 아들을 자랑하기보다 "나는 단지 볼보이일 뿐"이라며 아들이 행복하게 축구하는 것만으로도 충분하다고 말한다. 학교의 장 역시 학생과 교사의 행복과 성장을 위해 뒤에서 든든히 받쳐 주는 '볼보이'가 되어야 한다. 좋은 결과가 나왔을 때 그 공을 교사와 학생에게 돌려야 하며, 칭찬이 구성원에게 돌아갈 때 학교는 더욱 활력을 얻게 된다.

끊임없는 독서와 배움

"축구와 독서, 이 두 가지가 내 삶을 지탱해 온 두 축이다. 지금도 나는 항상 책을 손에서 놓지 않으려 한다."

손웅정은 독서광으로, 매년 100권 가까운 책을 읽고 그중 일부를 아들에게 권한다. 교장이 책을 읽지 않으면서 학생과 교사에게 독서를 강조하는 것은 공허한 말에 불과하다. 교장은 다양한 분야의 책을 읽으며 미래 사회를 대비하고, 교사의 자발성을 이끌 리더십을 배우며, 경험과 독서에서 얻은 지혜를 학교경영에 녹여내야 한다.

자발성을 이끄는 기다림

"손흥민은 시즌 중에는 스스로 엄격하게 자기를 통제한다. 아버지는 이 시기에 참견하지 않는다."

학교장의 경영 방침이 아무리 훌륭해도 교사의 자발적 참여 없이는 성공할 수 없다. 기다림은 단순한 방관이 아니라, 교사가 전문성을 발휘할 수 있는 여건을 마련하고, 교육철학을 공유하며 공감대가 형성될 때까지 인내하는 것이다. 공감대 없는 정책은 겉으로는 참여한 것처럼 보여도 진심이 담기지 않아 실패할 가능성이 크다.

본질에 집중하는 교육

"어려서부터 몸에 나쁜 건 먹지도 않고 몸에 나쁜 일은 쳐다보지도 않았다. 축구를 위해 내 몸을 최적화하는 것은 그때 내가 해야 할 일이었다. 그뿐이었다. 본질에 집중하는 것."

교장은 본질에 충실해야 한다. 갈등이나 문제 상황에서 선택과 결정을 내려야 할 때, 교육의 본질이 무엇인지 늘 고민해야 한다. 교육의 본질은 학생의 행복과 성장이다.

자존감이 높은 리더

"손웅정은 한 달 27만 원을 받고 헬스트레이너, 공사판 막노동, 생활체육시설 청소, 방과후 체육교실 강사 등의 힘든 일을 했지만 자존감이 높았다."

부모가 자존감이 높으면 자녀도 자존감이 높다. 마찬가지로 교장의 자존감은 학생과 교직원에게 큰 영향을 미친다. 교장은 민원을 대할 때도 당당히 나서고 책임을 지며, 재발 방지를 위해 노력하는 자세를 보여야 한다.

청렴한 리더

"세상에 공짜는 없다. 돈이 가면 당연히 몸도 따라가야 한다. 돈을 받는 순간 절대 자유로울 수 없다."

교장은 외부 이해 관계로부터 독립되어야 한다. 그러나 청렴은 인간적 따뜻함과 함께 실천되어야 한다. 학부모와 학교운영위원의 헌신을 존중하면서도 공적 거리를 지키는 것이 진정한 청렴이다.

많은 기회를 주는 리더

"좋은 지도자란 기회를 주는 사람이다."

교장은 교사와 학생에게 다양한 기회를 제공하고, 그 기회를 통해 성장할 수 있도록 적극 지원해야 한다.

학교의 리더는 학생·학부모·교사가 학교라는 무대에서 마음껏 역량을 발휘할 수 있도록 뒤에서 묵묵히 살피는 조력자여야 한다. 자신을 드러내기보다 '볼보이'의 마음으로 학교를 움직일 때, 비로소 학교는 진정으로 변화한다.

(언어)

우리의 품격은
언어에서 결정됩니다

따뜻한 격려는 마음에 안전한
집을 짓고, 솔직한 인정은
신뢰의 다리를 놓습니다.
리더의 언어는 삶이라는
행동으로 완성됩니다.

1. 학교를 바꾸는 언어란 무엇인가?

교육감이 바뀔 때마다 학교를 개선하려는 시도는 반복된다. 최첨단 디지털 기기와 AI기술을 도입하고, 학교 공간을 스터디카페처럼 꾸미며 새로운 교육정책을 발표하기도 한다. 하지만 이런 외적인 변화가 곧바로 학교 개선으로 이어지지 않는다. 학교 구성원의 마음을 움직이지 않으면 진정한 의미에서의 변화는 일어나지 않기 때문이다. 학교를 살아 움직이게 하는 힘은 교장의 따뜻한 말 한마디에서 시작한다.

교장은 단순한 교육행정가로서 관리자가 아니다. 교육 공동체의 심리적 분위기를 결정하는 조절자다. 교장의 말 한마디에 학교 분위기를 얼어붙게 만들기도 하고, 봄 햇살처럼 따뜻해지기도 한다. 교사에게 질책이나 훈계보다 '선생님 처음 하는 일인데 실수할 수도 있어요', '저도 교사 때 더 큰 실수를 한 적이 있습니다'라는 말 한마디가 학교를 바꿀 수 있다. 교장의 말은 단순한 위로를 넘어 선생님의 교육적 열정을 다시 일으키는 큰 힘이 된다.

이런 언어의 태도를 두고 원칙 없는 온정주의라며 우려하는 시선도 있다. 학교는 공적 책임이 따르는 조직으로 무조건적 허용이나 방임은 자칫 위험해질 수 있다는 지적이다. 하지만 문제 해결의 과정에서 사람을 소외시키지 않는 태도, 즉 진정성 있는 소통은 원칙 없는 온정주의와는 다르다. '왜 이렇게 했나요?'라는 추궁보다 '어떻게 하면 우리 함께 이 문제를 해결할 수 있을까요?'라는 제안은 학교 구성원에게 큰 힘을 발휘한다. 따뜻한 말은 리더의 유약함이 아니라, 교사의 자존감을 지켜주면서 교육의 본질을 지키는 단단한 신뢰의 표현이다.

또한 따뜻한 말은 교사에게 심리적 안전감을 제공한다. 교사는 학교 현장에서 수많은 갈등과 고충을 겪는다. 학생생활지도, 학부모 상담, 과도한 행정 업무 속에서 교사는 쉽게 지친다. 이때 교장이 건네는 "선생님, 애쓰시는 것 잘 알고 있습니다"라는 한마디는 교사가 겪는 심리적 고통을 조금이나마 덜어준다. 자신의 노력을 누군가 알아주고 인정해 주고 있다는 믿음이 들 때, 교사는 다시 학생과 마주할 용기를 얻는다.

이런 교사의 심리적 안전감은 고스란히 학생에게 흘러간다. 학교 교육은 인간관계의 신뢰에서 시작하기 때문이다. 교장이 교사를 따뜻하게 대하면, 교사는 그 따스한 온기를 품고 교실로 들어간다. 존중받은 교사는 학생을 존중할 여유를 갖게 된다. 반대로 교장이 권위적이고 냉소적인 말로 교사를 대우하면, 그 스트레스는 어떤 방식으로든 학생들에게 전이된다.

그리고 따뜻한 소통은 학교 내의 민주적 문화를 정착시킨다. 명령과 지시로 움직이는 학교는 효율적으로 보일 수 있지만 생동감이 없다. 구성원들은 비난받지 않기 위해 최소한의 역할만 수행하게 된다.

하지만 교장이 낮은 자세로 귀를 기울이며 '선생님 생각은 어떠신가요?'라고 물으면 학교의 의사결정 구조는 수평적으로 변한다. 자신의 의견이 경청 되고 존중받는다는 경험은 구성원들에게 주인의식을 심어준다.

강조하건대 학교를 바꾸는 것은 대단한 교육 정책이나 구호가 아니다. 매일 학교에서 만나는 동료에게, 그리고 교실에서 고군분투하는 교사에게 건네는 교장의 따뜻한 말 한마디가 변화의 씨앗이 된다. 교사의 마음을 움직여 학교를 변화시키는 가장 확실한 방법은 교장의 말이다.

교장으로서 학교 구성원을 대할 때 사용한 여섯 가지 언어는, 의미를 부여하는 언어, 심리적 안전감을 주는 언어, 신뢰와 존중의 언어, 실수를 인정하는 언어, 말보다 듣는 언어, 실천하는 언어이다.

2. 교육의 본질, 의미를 부여하는 언어

대학수학능력시험을 한 달 앞둔 시기, 학교는 이미 수능 시험장으로 바뀐다. 고3 학생들의 생체 리듬을 위해 한 달 동안 학교 일정은 수능 시간표에 맞춰 움직인다. 이러한 결정은 1, 2학년 학생과 선생님들 그리고 급식실조리사님들의 협조 없이는 불가능한 일이다. 특히 평소

보다 앞당겨진 배식 시간을 맞추려면 조리사님들은 이른 아침부터 분주하게 움직여야 한다. 그래서 나는 교직원은 물론 학생들에게 이 선택이 어떤 가치가 있는지를 먼저 이해시키려고 노력하였다.

"수능 한 달 전부터 전교생의 일과를 수능 시험일과 동일하게 운영하면 어떨까 합니다. 이렇게 운영되면 1, 2학년 학생과 선생님 그리고 조리사님들은 매우 불편하고 고생스러울 것입니다. 하지만 교육의 본질은 학생들이 목표하는 바를 이룰 수 있도록 최적의 환경을 만들어 주는 것이라 생각합니다. 우리 모두 애쓰는 모습이 고3 아이들에게는 따뜻한 격려와 지지가 되어 전해질 것입니다. 이러한 진심이 아이들 마음에 닿을 수 있도록 선생님과 조리사님들의 관심과 협조를 부탁드립니다."

리더의 언어는 조직의 성공과 실패를 좌우한다. 그러나 기업과 학교의 리더가 사용하는 언어에는 차이가 많다. 기업의 리더는 수직적 구조 안에서 효율성을 강조하는 '결정의 언어'를 사용하지만, 학교의 리더는 수평적 관계 안에서 학생과 교사의 성장을 도모하는 '의미의 언어'를 사용한다.

교사는 자신의 교육 신념에 따라 행동하는 전문가다. '무엇(what)을 할 것인가'보다 '왜(why) 함께 해야 하는가'를 나누는 언어가 있을 때, 스스로 능동적인 교육의 주체로 움직인다. 따라서 교장의 언어는 지시보다 공감에서 시작되어야 한다.

의미 부여의 언어를 사용하기 위해서는 학교의 리더는 네 가지 원칙을 지켜야 한다.

첫째, 지시의 언어가 아니라, 요청의 언어를 사용해야 한다. 리더십 전문가 서정현은『리더의 언어력』에서, 리더는 단순히 업무 처리를 요구하는 언어를 사용하는 것이 아니라, 이 일이 공동체 전체에 어떤 가치가 있는지를 설명하는 언어를 사용해야 한다고 강조한다.[36] 지시는 구성원을 도구화하지만, 요청은 구성원의 의지와 전문성을 존중하는 행위다. '이거 하세요'라고 하기보다 '~가 필요합니다. 도와주시겠습니까?'라고 할 때 자신의 역할에 대한 효능감과 존중을 느낀다.

둘째, 추상적인 언어보다, 구체적인 방향을 제시하는 언어를 사용해야 한다. 영국의 커뮤니케이션 전문가 케빈 머리(Kevin Murray)는 리더는 비전을 구체적인 그림으로 그려주는 화법을 사용해야 한다고 강조한다.[37] 예를 들어, '좋은 학교를 만들자'라는 추상적인 구호보다, '우리 아이들이 아침에 눈을 뜨면 빨리 가고 싶은 학교를 만들자'라는 지향점을 그려주는 구체적인 화법을 사용하는 것이 좋다. 이러한 언어는 선생님들이 무엇을 실천해야 할지 스스로 판단하는 힘을 지니게 한다.

셋째, '나'의 성과를 과시하는 언어를 사용하기보다, '우리'의 공헌을 드러내는 언어를 사용한다.[38] 좋은 학교는 결코 혼자의 힘으로 만들 수 없다. 교실의 선생님, 급식실의 조리사님, 행정실의 주무관님들이 각자의 위치에서 본연의 역할을 충실히 할 때 행복하고 좋은 학교가 만들어진다. '교장이 이렇게 잘 해서 성과를 이루었다'라고 전해지는 과시하는 언어보다 '모두의 노력으로 이렇게 좋은 결과를 얻었다'라고 공헌을 드러내는 언어여야 한다. 교장의 메시지에서 이같은 언어를 사용했을 때 교직원은 강한 소속감을 느끼며 자발적으로 자신의 역량을 발휘하게 된다.

넷째, 지침이나 규정의 언어보다, 교장의 가치관이 담긴 언어, 삶과 경험이 담긴 스토리텔링이 있는 언어를 사용한다. 명료한 공문이나 지침은 내용을 전달하거나 이성을 설득할 수 있으나 교사의 마음을 움직이지 못한다. 하지만 가치관이 담긴 짧은 이야기나 구체적인 사례는 어떤 논리적인 설명보다 강력하게 마음을 움직인다. "지난 학교에서 한 학생이 담임선생님의 작은 관심과 배려 덕분에 다시 꿈을 꾸기 시작했습니다." 같이 체험이 담긴 스토리텔링은 교장의 교육철학을 전달하고 교육의 본질을 일깨울 수 있다.

이처럼 교장의 언어는 학교의 분위기를 결정짓는 핵심 변수이다. 학교장이 직위에 기대어 수직적이고 지시적인 언어를 사용할 경우, 교사는 자발성을 잃고 결국 학생의 성장이 정체된다. 교장이 구성원을 존중하며 그들의 모든 활동에 의미와 가치를 부여할 때, 학교는 교사와 학생 모두가 함께 성장하는 생동감 넘치는 공간으로 변화된다.

3. 성장하는 언어, 심리적 안전감을 주는 언어

학교 구성원, 특히 교사들이 자신의 역량을 편안하게 발휘할 수 있는 환경을 조성하는 것은 교장의 책무이다. 교무실에 침묵이 흐르고 회의 시간에 누구도 의견을 내지 않는다면, 그 학교는 이미 성장을 멈춘 것이나 다름없다.

조직의 침묵을 깨뜨리고 학교를 개선하기 위한 가장 효과적인 방법은 리더의 언어에서 심리적 안전감이 전달되어야 한다. 심리적 안전감이 확보될 때 교사는 자유롭게 의견을 제시하고, 새로운 시도를 두려워하지 않으며, 실패를 학습의 기회로 받아들인다. 결국 교장의 언어가 교사들의 참여와 협력을 이끌어내는 촉매제가 된다.

따라서 교장은 단순한 지시나 통제의 언어가 아니라, 존중과 신뢰를 담은 언어를 사용해야 한다. '이렇게 하라'는 명령보다 '함께 논의해 보자'는 제안이 교사의 마음을 움직인다. 리더의 언어가 안전한 분위기를 형성할 때, 학교는 구성원의 집단지성을 통해 끊임없이 성장하는 조직으로 나아갈 수 있다.

학부모의 민원 전화를 받았다. 선생님이 수업시간에 설명과 풀이 과정 없이 문제의 정답만 불러주고 학생들에게 알아서 공부하라고 한다는 내용이었다. 교사에게 수업은 학생과의 상호작용을 통해 자신의 전문성을 증명하는 매우 중요한 행위이다. 정답만 알려주고 설명이 생략된 수업은 교육의 본질을 외면한 행위이기에 그냥 넘어갈 수 없는 사안이었다. 사실 교감선생님으로부터 해당 교사의 수업 방식에 대한 불만이 제기되고 있다는 보고를 이미 받은 터였다.

민원 전화를 받은 후 곧바로 선생님을 불러 잘잘못을 따지고 싶었다. 하지만 '어떻게 하면 선생님에게 상처를 주지 않으면서 수업 방식의 변화를 이끌어 낼 수 있을까'를 깊이 고민했다. 리더의 조급한 책임 추궁은 문제를 해결하기보다 오히려 상대의 자존심을 자극하여 관계를 악화시킬 수 있었다.

이튿날 점심시간이 지나서 선생님을 교장실로 불렀다.

"요즘 학교 생활은 어떠신가요? 혹시 불편한 점이나 교장에게 바라는 점은 없으십니까?"

안부를 묻는 나의 물음에 한참 머뭇거리던 선생님이 이렇게 고백했다.

"교장선생님, 제가 최근 가정 문제로 많이 힘들었습니다. 그러다보니 요즘 수업 준비를 소홀히 했습니다."

『리더의 언어력』의 저자는, "Why(왜 못했나)보다 How(어떻게 할까)와 What(무엇을 도울까)을 묻는 습관"을 지닌 리더여야 한다는 점을 강조했다.[39] "왜 수업을 그렇게 했습니까?" 같은 책임 추구형 질문은 심리적 안전망을 흔들리게 한다. 따뜻하게 안부를 묻는 질문으로 정서적으로 편안함을 느끼게 하고 나서 문제의 내용으로 다가가도록 도움을 주어야 한다.

"선생님, 그동안 마음고생이 심하셨겠습니다. 아시다시피 교사의 전문성은 교실에서 증명됩니다. 수업은 우리가 절대 포기해서는 안 되는 자존심입니다. 아이들과 만나는 시간만큼은 소홀히 하지 않으시길 바랍니다. 도울 일이 있다면 언제든 말씀하십시오.”

우리에게 『언어의 온도』로 잘 알려진 이기주 작가는 “언어에는 나름의 온도가 있습니다. 따뜻함과 차가움의 정도가 저마다 다릅니다. 온기 있는 언어는 슬픔을 감싸 안아줍니다.”라고 말했다.[40] 나는 더 나아가 온기 있는 언어를 구사하려면 그 사람 자체가 따뜻한 온기를 품고 있어야 한다고 생각한다.

리더의 언어가 따뜻하려면 먼저 마음속에 사람에 대한 애정과 존중이 가득 차 있어야 한다. 질책 대신 건넨 공감의 한마디는 선생님에게 든든한 심리적 안전망이 되어주리라 믿는다. 선생님의 잘못을 알았다고 해서 곧바로 질책과 비난을 해서는 안 된다. 그렇게 하지 않을 것이라는 믿음이 생길 때 교사는 비로소 변화를 위한 힘을 얻을 수 있다.

리더가 제공하는 심리적 안전감이 조직의 성과를 바꾼 사례는 학교 밖에서도 찾아볼 수 있다. 구글은 ‘어떤 팀이 가장 높은 성과를 내는가?’를 분석하는 ‘아리스토텔레스 프로젝트’를 진행했다. 연구 결과, 팀원들의 지능지수나 화려한 경력보다 훨씬 중요한 요인은 바로 ‘심리적 안전감(Psychological Safety)’이었다.[41]

팀원들이 자신의 실수나 약점을 드러내도 당황하거나 처벌받지 않을 것이라고 믿는 상태가 확보되었을 때, 팀은 가장 혁신적인 성과를 냈다는 것이다. 리더가 구성원의 실수를 처벌의 대상이 아닌 성장의 기회로 전환해주는 언어를 사용할 때, 조직은 비로소 안전해지고 강해진다.

학교도 이와 다르지 않다. 교장은 선생님에게 새로운 프로젝트를 시도하다 실패해도 질책받지 않을 것이라는 확신을 주어야 한다. 다소 엉뚱한 아이디어를 내놓아도 동료들에게 비웃음을 사지 않을 것이라는 안도감이 흘러야 학교는 바뀐다. 교장은 지시하고 통제하는 언어가 아니라, "선생님, 괜찮습니다. 한번 해보세요. 제가 뒤에서 돕겠습니다."와 같이 성장하는 언어를 사용하여 교사에게 튼튼한 심리적 안전망이 유지되도록 해야 한다.

심리적 안전감이 결여된 학교는 수동적으로 시키는 일만 겨우 해내거나, 어떤 문제를 창의적으로 개선하려는 의지보다 먼저 입을 닫아버린다. 이 시간이 길어질수록 변화를 거부하는 문화가 고착화될 것이다. 이를 해결할 수 있는 유일한 주체는 리더이다. 리더는 수평적으로 소통하고, 교사의 고충을 눈여겨보면서 귀담아들어야 한다. 그래야 비로소 학교의 온도는 올라간다.

얼마 후, 학교 교육 만족도 조사에서 한 학부모의 의견이 내 시선을 사로잡았다. 아이가 선생님의 수업을 너무 재미있어 하여 등교하는 아침부터 즐거워한다는 내용이었다. 선생님은 교사로서의 자존심을 멋지게 회복한 것이다. 교장의 언어가 교사의 마음을 움직였고, 그 따뜻한 온기는 교실을 통해 학생에게 전달된 것이다.

4. 자발적인 협력, 신뢰와 존중의 언어

"교장선생님, 취임식은 강당에서 할까요? 아니면 TV 방송으로 할까요?"

부임을 며칠 앞두고 교감선생님에게서 연락이 왔다. 대체로 신임 교장은 강당에서 전교생과 교직원이 모인 자리에서 취임식을 치른다. 그런데 굳이 양자택일을 물은 데에는 방송으로 진행하고 싶다는 의도가 담겨 있음을 직감했다.

"혹시 강당에서 취임식을 하면 어떤 어려움이 있습니까?"

"네, 얼마 전 전임 교장선생님의 퇴임식을 하느라 수업을 한 시간 줄였습니다. 그런데 취임식까지 강당에서 진행하면 연달아 수업결손이 생겨 학생들에게 부담이 될 것 같습니다."

나는 교감선생님의 말 속에서 학교 운영의 고충을 읽을 수 있었다. 이미 퇴임식으로 수업 결손이 발생한 상황에서 또다시 대규모 행사를 치르는 것은 학생과 교사 모두에게 부담이 될 수 있다는 판단이었다. 전문 컨설턴트 폴 마르시아노(Paul Marciano)가 진정한 리더는 구성원의 의견을 듣는 데 그치지 않고, 그 속에 담긴 전문성을 신뢰해야 한다고 강조한 것처럼,[42] 나는 교감선생님의 전문적 판단을 존중하여 취임식을 방송으로 진행하기로 결정했다.

물론 주변에서는 우려의 목소리도 있었다. 교장이 새로 부임하면 학생들과 직접 눈을 맞추며 취임식을 하는 것이 당연하다는 의견이었다. 그러나 수능을 앞둔 고3 수험생과 바쁜 일정에 몰린 교사들의 상황을 외면할 수 없었다.

다행히 방송으로 진행된 취임식은 결과적으로 매우 효과적이었다. 학생들은 교실에서 TV 화면을 통해 새로운 교장의 얼굴을 익혔고, 나는 전하고자 하는 메시지를 차분히 전달할 수 있었다. 이후 복도에서 마주친 학생들이 단번에 알아보고 반갑게 인사하는 모습을 보며, 형식적인 행사보다 실질적인 소통이 더 큰힘을 발휘한다는 사실을 알았다.

취임식을 마친 뒤, 나는 학교에서 가장 연륜이 깊은 선배 교사와의 만남을 준비했다. 경력이 많은 교사를 예우하는 것은 리더로서 기본적인 태도라고 생각했기 때문이다. 나는 직접 전화를 걸어 정중히 방문을 요청했다. 마주 보고 차를 마시며 이야기를 이어가면서, 내 경력이 선배 교사보다 짧다고 말하고는 학교 발전을 위해 선배님의 지혜와 경륜이 필요하다고 도움을 청했다.

작가 은서기는 리더가 스스로를 낮추고 상대의 전문성을 존중하는 태도를 보일 때, 구성원은 리더의 말을 지시가 아닌 가치로 받아들이게 된다고 설명한다.[43] 나를 낮추고 선배 교사를 교육전문가로서 존중할 때, 비로소 학교의 목표와 비전이 공유되어 자발적인 협력을 이끌 수 있다고 믿는다.

실제로 교장의 언어가 학교에 긍정적인 변화를 일으킨 사례는 적지 않다. 경기도교육청과 서울특별시교육청에서 발간한 정책연구 보고서에 따르면, 교장의 이러한 리더십은 교사와 학생의 자발성을 끌어내는 핵심 동력이 되었다. 그 결과, 구성원 스스로 행사를 기획하고 지역과 연계한 창의적 교육과정을 운영하는 등 침체되었던 학교 문화가 생동감 넘치는 모습으로 변화했다는 점을 확인할 수 있다.

나는 부임 첫날의 다짐처럼 앞으로도 나의 결에 맞는 리더십을 발휘하고 싶다. 그것은 거창한 구호가 아니라, 선생님들의 의견을 경청하고 학생들의 성장을 최우선으로 생각하는 것이다. 리더의 언어가 권위라는 힘을 빌려 '지시'로 전달되지 않고, 존중과 겸손을 담아 '가치'로 전달될 때 학교는 진정한 배움의 터전이 되리라 믿는다.

5. 리더의 품격, 실수를 인정하는 언어

"제 생각은 다릅니다. 아침맞이 행사를 정문만 하고 후문을 하지 않으면 문제가 발생할 수 있습니다."

2학기부터 새롭게 시작할 아침맞이 행사에 대해 교감선생님이 내 의견과 다른 견해를 밝혔다.

"왜 그렇게 생각하시죠?"

부장교사에게 정문에서만 행사를 진행하자고 이미 공언한 상태였기에 순간 당황했다.

"후문도 차량이 많이 다녀 학생들의 안전사고가 염려됩니다."

정문만 지도할 경우 후문을 이용하는 학생들의 안전이 위협받을 수 있다는 설명이었다.

"그럼, 왜 오전 회의 때 반대 의견을 말씀하지 않으셨습니까?"

이렇게 묻자 교감선생님은 "교장선생님의 생각이 매우 확고해 보여서 말씀드리지 못했습니다"라고 답했다. 나는 그 즉시 학생부장에게 "곰곰이 생각해 보니 오전의 결정이 잘못된 것 같습니다. 결정을 번복해서 미안합니다"라고 말했다. 교사들의 고충을 덜어주려던 의도가 학생 안전이라는 본질을 가렸음을 재차 설명하고, 후문지도를 병행하는 것이 힘들더라도 교사로서 반드시 해야 할 일임을 다시 강조했다.

교장은 늘 선택의 기로에 선다. 작은 행사 운영부터 학생 안전과 직결되는 중대한 결정까지 교장의 판단은 교사와 학생들의 일상을 좌우한다. 중요한 것은 항상 옳은 결정을 내리는 것이 아니라, 잘못된 판단을 했을 때 이를 솔직히 인정하는 태도이다. 리더가 인정의 언어를 사용할 때 학교는 더 나은 방향으로 개선된다.

존 듀이(John Dewey)는 『민주주의와 교육』에서 "학교 교육은 생활 그 자체"[44]라고 하며, 학교 안의 모든 소통과 결정 과정이 학생들에게 삶의 방식으로 전달된다고 하였다. 권위를 지키기 위해 잘못된 결정을 고집한다면, 이는 안전보다 권위를 우선시하는 잘못된 교육을 아이들에게 보여주는 것이다.

리더십 전문가 케빈 머리(Kevin Murray)는 약점이나 실수를 솔직히 인정하는 취약함의 언어는 오히려 리더의 신뢰도를 높인다고 본다.[45] 오류를 인정하는 것은 무능함이 아니라 공동체의 가치를 지키기 위해 자신을 낮추는 숭고한 용기다. 서정현 역시 리더가 자신의 부족함과 실수를 솔직히 인정할 때, 오히려 신뢰가 형성되고 권위주의적 리더십을 완화할 수 있다고 보았다.[46]

내가 잘못된 결정을 인정했을 때 선생님이 보여준 신뢰의 눈빛은 그 어떤 권위적 지시보다 강력한 힘이었다. 교장은 끊임없이 최선의 판단을 요구받지만, 그 판단이 늘 정답일 수는 없다. 의사결정 시스템에 따라 결정이 내려지더라도 리더의 경험과 지혜는 때로 편향에 빠질 수 있다. 그렇기에 교장은 교사들이 자유롭게 반대 의견을 낼 수 있는 허용적 분위기를 만드는 데 온 힘을 쏟아야 한다.

퇴근 무렵, 교감선생님이 다시 찾아와 미안한 마음을 전했다. 나는 오히려 고개를 저으며 감사를 표했다.

"아닙니다. 오히려 저에게 그런 말을 해주셔서 고맙습니다. 저도 사람이기에 잘못된 선택을 할 수 있습니다. 교장의 권위보다 중요한 것은 학생의 안전입니다."

권위를 지키기 위해 잘못된 결정을 고집하는 것은 리더다운 태도가 아니다. 잘못된 길임을 알았을 때 멈추고 다시 방향을 잡는 것, 그리고 구성원 앞에서 부족함을 솔직히 고백하는 것이야말로 리더가 보여줄 수 있는 가장 큰 용기이자 책임이다.

6. 진정한 소통, 말보다 듣는 언어

교장은 가장 먼저 듣고 가장 오래 듣는 사람이 되기 위해 항상 귀가 열려 있어야 한다. 우리가 "두 개의 귀와 하나의 입을 가진 이유는 더 많이 듣고 덜 말하라는 뜻"이라는 스토아학파 철학자 에픽테토스의 말처럼, 리더는 '말하기'보다 '듣기'가 더 중요하다.

듣는다는 것은 단순히 말을 듣는 행위를 넘어, 상대의 열망과 고민을 품어 안는 일이다. 입을 닫고 목소리에 귀를 기울일 때, 학교는 선생님들의 아이디어와 열정이 살아 있는 배움터가 될 것이다.

열정이 넘치는 학교를 만들기 위해서는 선생님과 대화할 때 다소 이치에 맞지 않는 부분이 있더라도 중간에 말을 끊고 일방적으로 나의 주장만 펼쳐서는 안 된다. 미국의 리더십 권위자 스티븐 코비(Stephan R. Covey)는 상대방을 이해하려 하지 않고 이해받으려는 태도만 고집하는 대화는 결국 파행으로 치닫는다고 강조하였다.[47]

상대방의 이야기를 끝까지 듣지 않고 말을 끊어버리면 문제의 본질을 놓치게 되고, 올바른 해법을 찾을 수 없다. 대화의 본질은 상대를 이기는 것이 아니라 상대를 이해하는 데 있다.

교장으로서 수많은 회의를 주재하며 깨달은 것은, 진정한 소통은 해결책을 찾는 과정에서 드러나는 말의 온도에 달려 있다는 점이다. 리더가 구성원의 입을 막는 순간, 그들의 열정도 함께 막힌다.

교장이 권위라는 외투를 걸치고 교사의 말을 가로막는다면 학교는 곧 침묵의 공간이 된다. '어차피 내 말은 듣지 않을 것'이라는 체념이 자리잡는 순간, 학교의 생명력은 사라진다.

리더가 먼저 듣는다는 태도는 상대를 진심으로 존중한다는 의미이다. 먼저 듣고 나중에 말하는 선청후설(先聽後說)이야말로 상대에게 존중받고 있다는 느낌을 주는 최고의 언어 습관이다.[48] 내가 나의 말을 잠시 멈추고 선생님의 이야기에 온전히 집중할 때, 선생님은 자신의 존재 가치를 인정받고 있음을 느낀다는 것이다. 교사가 느낀 존중의 경험이 바로 교육의 시작이 된다.

공자는 제자들에게 '기소불욕 물시어인(己所不欲 勿施於人)', 즉 내가 원하지 않는 바를 남에게 베풀지 말라고 가르쳤다. 누구든 자신의 말을 상대가 중간에 끊거나 아예 듣지 않고 무시하는 것을 원하지 않는다. 그런 경험을 준 사람과는 다시 만나고 싶지 않다. 대화 중 상대의 말을 끊고 자기 주장만 내세우는 태도는 상대방의 인격을 존중하지 않는 행위이기 때문이다.

화려한 말재주로 상대를 설득하는 사람보다, 끝까지 경청해주는 사람이 오래 기억된다. 리더의 품격은 입에서 나오는 말이 아니라, 상대방의 말을 귀담아 듣는 태도에서 드러난다.

교장이 먼저 듣고 교사의 의견을 존중할 때, 교사들은 비로소 자발적으로 학교 경영에 참여한다. 아무리 훌륭한 정책이라도 교사의 마음을 얻지 못하면 성공할 수 없다. 교사의 마음을 얻는 유일한 열쇠는 바로 '잘 듣는 것'이다. 그래서 교장은 다른 사람이 말할 때는 참을성

있게 듣고, 답을 할 때는 신중하게 해야 한다. [49]

7. 교사의 자발성, 실천하는 언어

인근 중학교 학부모를 대상으로 고교 입학설명회가 열렸다. 대학 입시만큼은 아니지만, 우리 학교에 적합한 인재를 확보하기 위한 고등학교 간의 보이지 않는 경쟁은 치열하다. 보통 이런 자리에는 교무부장이나 교육과정부장이 나선다. 어떤 학교는 명문대에 입학한 졸업생을 초청해 학부모의 기대심리를 자극하기도 한다.

그러나 나는 학부모의 마음을 얻기 위해 기존의 관행을 깨고 교장인 내가 직접 마이크를 잡았다. 학교 경영을 책임지는 교장의 목소리가 더 큰 울림을 줄 수 있다고 판단했기 때문이다.

"안녕하세요. ○○고등학교 교장 윤영진입니다. 만나서 반갑습니다."

부장교사가 나올 것이라 예상했던 학부모들은 술렁였다. 예상을 깬 교장의 등장은 그 자체로 강력한 메시지가 되었다.

나는 학부모들에게 귀한 자녀를 우리 학교에 믿고 맡겨 달라고 호소하며, 신입생들이 졸업할 때까지 교장인 내가 온전히 책임지고 아이들의 성장을 돕겠다고 약속했다.

리더십 전문가 제임스 쿠제스(James M. Kouzes)는 리더십의 핵심을 'DWYSYWD'로 정의했다. 이는 '하기로 말한 것을 실천하라(Do What You

Say You Will Do)'는 의미로[50], 리더에 대한 신뢰는 오직 말과 행동이 일치할 때만 형성된다는 것이다. 교장인 내가 직접 입학설명회에 나선 것은 책임을 행동으로 옮기겠다는 강한 의지를 표명함으로써 학부모의 신뢰를 얻기 위함이었다. 말로만 책임교육을 외친 것과, 리더가 직접 그 책임을 공언하며 실천하는 것 사이에는 무게감의 차이가 크다.

남극 탐험가 어니스트 새클턴(Ernest Shackleton)은 1914년 탐험 중 배가 난파된 뒤, 27명의 대원을 634일 만에 모두 생환시킨 전설적 인물이다. 그는 절망적인 상황에서 생존을 약속했을 뿐 아니라, 대원들과 똑같이 얼음 위에서 잠을 자고, 자신의 배급량을 부족한 대원에게 양보하며 가장 힘든 일을 직접 수행했다.[51] 대원들이 끝까지 그를 믿고 따를 수 있었던 이유가 그의 화려한 언변이 아니라 약속을 행동으로 증명했기 때문이었다.

학교 조직도 다르지 않다. 학생의 결을 살리는 교육과정을 제대로 운영하기 위해서는 교사들의 자발성이 필수적이다. 교사의 마음을 움직이는 최고의 동력은 교장이 보여주는 실천의 일관성이다. 말과 행동이 일치할 때, 교사들은 신뢰를 바탕으로 자발적으로 협력하며 학교의 목표를 함께 이루어 간다.

존 맥스웰(John C. Maxwell)은 어떤 조직이든 '사람들은 리더가 말하는 대로 하는 것이 아니라, 리더가 행동하는 대로 한다'라는 모범의 법칙(The Law of the Picture)이 적용된다고 강조한다.[52] 교장이 학교 개선을 요구하면서 정작 본인은 교장실에만 머문다면, 그 어떤 정책도 성공할 수 없다. 학교의 변화는 문서와 회의실에서 만들어지는 것이 아니라, 현장에서 교사와 학생의 목소리를 직접 듣고 공감할 때 시작된다. 교장이 입학설명회에 직접 나서고, 마음 아픈 학생과 대화하며, 선생님들의 고충을 듣기 위해 먼저 다가간다면 학교 공동체는 살아 움직이는 조직으로 발전한다.

리더의 신뢰는 화려한 수사나 거창한 계획에서 나오지 않는다. 신뢰는 오직 리더의 말이 행동으로 이어졌을 때 비로소 형성된다. 학교 운영의 책임자로서 책상에 앉아 지시만 하는 관리자가 아니라, 자신이 공언한 교육적 가치를 몸소 실천하는 실천가가 되어야 한다.

실천하는 리더십은 작은 행동에서 드러난다. 교장이 교무실을 자주 찾아 교사들과 차 한 잔을 나누며 이야기를 듣는 것, 학생들의 발표회나 동아리 활동에 참여해 격려하는 것, 학부모와의 만남에서 책임을 약속하는 것 모두가 신뢰를 쌓는 메시지다. 이런 행동은 구성원들에게 "우리의 목소리가 존중받고 있다"는 확신을 주며, 자발적인 협력을 이끌어낸다.

학교의 변화는 교장의 입이 아닌 교장의 발에서 시작된다. 현장을 향해 걸어 나가는 발걸음, 교사와 학생 곁에 서는 태도, 그리고 말과 행동이 일치하는 모습이야말로 학교를 움직이는 가장 강력한 힘이다. 리더의 언어가 실천으로 증명될 때, 학교는 단순한 제도가 아닌 살아 있는 배움의 공동체로 거듭난다.

（ 다양성 ）

저마다 고유한 빛을 내는군요

혼자 빛나는 별은 없습니다.
밤하늘이라는 배경이 있기에
별이 빛나듯, 우리 아이들은
선생님이라는 든든한 배경
속에서 성장합니다.

1. 따뜻한 교실을 꿈꾸며

3월의 학교는 이제 갓 고등학생이 된 신입생들의 설렘과 두려움으로 가득하다. 나는 긴장을 풀어주고 학교가 따뜻한 공간임을 알려주기 위해 신입생들을 교장실로 초대했다. 교장실에서 슬기롭게 고교 생활을 하는 방법, 진로와 적성에 맞는 동아리와 학과를 선택하는 방법, 친구와 선생님과 바람직한 관계를 맺는 방법 등을 주제로 수업을 했다. 자칫 수업이 지루해질 수 있어 내 삶의 경험담을 들려주며 아이들의 눈높이에 맞춰 50분간 이야기를 나눴다.

굳이 교실이 아닌 교장실을 택한 이유는 학생들에게 내가 일하는 공간을 보여주면서 동시에 좀 더 가까이 다가가고 싶었기 때문이다. 그러나 드러내지 않은 또 다른 이유도 있었다. 교실에서 분필을 놓은 지 10년이 훌쩍 넘다 보니, 학생들이 주인인 교실에 선뜻 나설 용기가 생기지 않았다. 그래서 익숙한 내 공간에서 긴장을 덜고 아이들을 만나고 싶었다.

처음 들어와 본 교장실이 신기했는지 학생들의 눈은 바쁘게 돌아갔다. 책상 위에 무엇이 놓여 있는지, 책장에는 어떤 책들이 꽂혀 있는지 탐정처럼 유심히 관찰했다. 급기야 냉장고문까지 열어 그 안에 뭐가 있는지 확인하는 간 큰 녀석도 있었다.

교장실 수업의 가장 큰 효과는 아이들에게 존중받는 기쁨을 느끼게 했다는 점이다. 평소 어렵기만 했던 교장선생님이 자신에게 정중하게 존댓말을 쓰면서 귀기울이는 모습에서 학생들은 '나도 존중받아 마땅한 사람'이라는 자존감을 느꼈을 것이다.

브라질의 교육학자 파울루 프레이리(Paulo Freire)는 리더와 구성원이 동등한 주체로서 만나는 수평적 대화를 강조했다.[53] 대화는 단순한 정보 전달이 아니라, 서로에 대한 깊은 신뢰와 사랑을 바탕으로 세상을 함께 변화시켜 나가는 과정이라는 것이다.

나 역시 학생과 동등한 주체로서 수평적 대화를 나누려고 노력하면서, 아이들이 아무리 사소한 질문을 해도 성심껏 답변했다. 이렇게 학교에서 존중받는 학생은 훗날 자신과 타인을 존중할 줄 아는 어른으로 성장할 것이라 믿는다.

또한 교장실 수업은 학교의 비전과 방향을 공유하는 데 매우 효과적이었다. 대표적인 예가 교복 문제였다. 우리 학교는 이전까지 교복을 자율적으로 입었다. 하지만 오랜 논의 끝에 교육적 가치를 고려하여 교복을 다시 입기로 결정했다. 학생·학부모·선생님들과 함께 충분한 협의를 거쳤지만, 자율복장에 익숙한 학생들이 하루아침에 교복을 제대로 입기란 쉽지 않았다. 그래서 나는 교장실 수업을 통해 왜 우리가 다시 교복을 입어야 하는지 그 배경과 가치를 직접 설명하는 시간을 가졌다.

아무리 좋은 정책도 학생들의 마음에 스며들지 않으면 공허한 외침일 뿐이다. 다소 시간이 걸리더라도 교장이 직접 나서서 이해를 구하는 과정이 교육의 시작이리 생각한다. 수업 후 학생들에게 교장실

수업에 대한 소감을 묻자. 한 학생이 이렇게 말했다.

"교장선생님께서 직접 학교를 소개해 주시고 따뜻한 조언을 해 주셔서 긴장이 많이 풀렸습니다. 이제 막 고등학생이 되어 많이 떨렸는데, '걱정하지 말라'는 친근한 말씀에 큰 위로를 받았습니다. 진로가 막막해 불안했지만 덕분에 용기를 얻었고, 앞으로 힘든 일이 있더라도 주저하지 않고 교장선생님께 도움을 청하며 즐겁고 알찬 고교생활을 이어가겠습니다. 진심으로 감사드립니다."

우리에게 『교육혁명』의 저자로 잘 알려진 교육학자 켄 로빈슨(Sir Ken Robinson)은 TED 강연에서 '교육시스템이 억압적이고 강압적일 때 아이들의 잠재력은 죽은 것이 아니라 휴면 상태에 빠지는 것'이라고 하면서, 리더는 명령과 통제가 아니라 학생들이 스스로 꽃필 수 있는 환경을 만들어야 한다고 주장했다. [54]

진정한 소통은 억압적인 시스템을 걷어내고, 아이들이 각자의 색깔로 꽃피울 수 있는 비옥한 토양을 제공하는 일이다. 우리가 할 일은 그저 아이들의 잠재력이 깨어날 수 있도록 좋은 환경을 만들어주는 것이다.

2. 기회를 주면 스스로 성장한다

학교의 진정한 존재 이유는 아이들이 사회에 나가 멋진 어른으로 성장하도록 돕는 데 있다. 내가 정의하는 '멋진 어른'이란 높은 사회적 지위나 학벌을 가진 사람이 아니다. 자신이 머무는 자리에서 조금 더 나은 세상으로 바꾸려는 신념을 지닌 사람, 그러면서 자신의 삶을 주체적이고 행복하게 가꿀 줄 아는 사람이다. 이를 위해 학교 구성원은 학생을 미성숙한 통제의 대상으로 보지 않고, 스스로 선택하고 책임질 줄 아는 자율적 인격의 주체로 인정해야 한다.

그날 오후, 복도를 지나는데 큰소리로 아이들이 인사를 건넸다.

"교장선생님! 감사합니다!"

"응? 뭐가 그리 감사하니?"

"자판기를 설치해 주셨잖아요! 다른 선생님들은 '쓰레기가 넘칠 것이다', '군것질로 급식을 안 먹는다'라며 절대 안 해주셨거든요. 완전 최고예요!"

아이들이 즐겁게 웃는 모습을 보니 나도 모르게 미소가 지어졌다.

"너희들이 이렇게 좋아하니 나 또한 기쁘구나. 하지만 얘들아, 약속은 기억하고 있지? 쓰레기를 함부로 버리거나 분리수거를 제대로 하지 않으면 바로 철거다 알겠지?"

"네! 걱정 마세요, 교장선생님!"

교직원들 사이에서 우려의 목소리가 컸던 '자판기' 사안이었다. '쓰레기 문제로 학교가 더러워질 것이다', '급식을 남겨 잔반이 많아질 것이다', '수업에 늦게 들어올 것이다' 등등. 어른들의 시각에서 학교에 자판기를 설치하면 안 되는 이유는 차고 넘쳤다. 물론 지극히 합리적인 우려였다. 하지만 그 이면에는 '아이들은 스스로를 통제하지 못할 것'이라는 불신이 자리잡고 있었다.

교육은 불신이 아닌 믿음에서 출발해야 한다. 아이들이 학교 생활에서 소소한 행복을 누리고, 그 과정에서 발생하는 문제를 스스로 해결해 나가는 경험이야말로 무엇과도 바꿀 수 없는 교육적 자산이다. 학교는 교과서로만 민주주의를 가르치는 곳이 아니다. 실제 체험과 경험을 통해 민주주의를 살아가는 공동체여야 한다.

학생들이 실제 의사결정에 참여하고 그 결과에 따르는 책임을 경험할 때 비로소 진정한 인격이 완성된다. 나는 행정적 편의보다 학생의 자율권과 행복권을 우선순위에 두었고, 반대 의견을 뒤로한 채 자판기 설치를 단행했다. 이는 학생들에게 '학교는 너희의 자율적 능력을 신뢰한다'는 메시지를 전하고 싶었던 나의 의지가 담겨 있었다.

자판기가 들어온 지 1년이 지난 지금, 우리가 우려했던 일들은 일어나지 않았다. 아이들은 약속대로 과자 봉지를 휴지통에 잘 버렸고, 분리수거도 제법 잘했다. 군것질 때문에 급식을 안 먹을 거라는 걱정역시 기우였다. 돌도 씹어 먹을 고등학생들의 혈기왕성한 식욕을 간과한 것이다. 고등학생들은 간식과 밥을 소화시키는 위가 따로 있었다.

물론 약속을 지키지 않는 몇몇 학생들도 있었다. 그때마다 학생자치회가 자발적으로 자판기 옆에 '교장선생님과의 약속을 지키자'라는 문구를 붙이며 캠페인을 벌였다. 아이들은 스스로 '무언가를 얻기 위해서는 그에 상응하는 책임도 따른다'는 평범한 진리를 자연스럽게 배우고 있었다. 자율이라는 기회를 통해 타인의 시선으로 학교공동체를 바라보는 성숙한 시민으로 거듭나고 있었던 것이다.

자판기를 둘러싼 학생들의 반응은 학교라는 공간에 전례 없는 생동감을 불어넣었다. 졸업 후 자판기 사업을 하겠다는 야심찬 포부를 밝히는 아이, 기계 안에 사람이 살고 있을 것이라는 엉뚱한 상상을 하는 아이, 고3이라 혜택을 온전히 누리지 못함을 아쉬워하는 투정까지, 자판기는 소통의 매개체가 되었다. 심지어 교사들까지 자판기 빵과 음료로 배고픔을 달래며 학생들과 같은 따뜻함을 공유하게 되었다.

우리나라 학생들의 학업 성취도는 세계 최고 수준이지만, 행복지수는 최하위에 머물러 있다는 사실은 교육자의 한 사람으로서 늘 마음 아픈 현실이었다. 학부모들은 자녀가 명문대에 입학하면 행복이 보장될 것이라 믿지만, 현실은 그렇지 않다. 성적이 우수한 학생이 모두 행복한 것은 아니며, 반대로 성적이 낮다고 해서 불행한 것도 아니다.

28년의 교육 경력을 통해 내가 깨달은 바는 '만족할 줄 아는 학생'이 진정으로 행복하다는 사실이다. 성적은 조금 부족할지라도 운동을 즐기며 땀 흘리는 아이, 친구들과 원만한 관계를 유지하며 배려하는 아이, 사소한 목표를 달성하고 기뻐할 줄 아는 아이들의 얼굴에는 늘 환한 미소가 있다.

이러한 아이들이야말로 우리 사회를 건강하게 지탱하는 인재들이다. 학교는 학생들에게 1등이 되는 법을 가르치기보다, 현재의 삶에서 소소한 행복을 발견하고 타인과 조화롭게 살아가는 법을 먼저 제공해야 한다.

3. 모두 하나 된 아주 특별한 농구경기

"선생님, 어딜 그렇게 급히 뛰어가세요?"

"교장선생님! 지금 농구장에서 빅매치가 열립니다."

"그래요? 결승전은 내일로 알고 있었는데, 일정이 당겨졌나요?"

"아닙니다. 오늘 경기는 최강팀과 최약체팀의 대결인데, 약체팀은 여학생 두 명과 특수학급 남학생 한 명으로 구성됐습니다."

"거참, 흥미진진하겠는데요? 선생님, 같이 가요."

우리 학교는 2학기 지필고사가 끝난 뒤 학생자치회 주관으로 1, 2학년 농구대회를 연다. 교사의 개입 없이 학생들이 스스로 기획하고 운영하는 이 대회는 학기말 학교에 활기를 불어넣는 상징적인 행사다.

각 반에서 농구를 가장 잘하는 남학생들로 팀을 꾸려 출전하지만, 이번 대회에는 모두의 예상을 깨는 낯선 팀이 등장했다. 여학생 두 명과 특수학급 남학생 한 명으로 구성된 팀이었다. 전력 면에서 남학생 팀에 비해 너무나 열세였지만, 그들의 도전은 이미 결과를 넘어선 의미를 지니고 있었다.

농구장에 들어서자 이미 전교생과 교직원들로 가득 차 있었다. 평소라면 최강팀 간의 경기에 쏠렸을 관심이, 이례적인 팀의 도전에 집중되고 있었다. 결과가 뻔한 승부 앞에서도 특수학급 친구의 간절한 얼굴을 외면하지 않고 그 손을 맞잡은 여학생들의 선택은, 승리보다 값진 사랑을 실천하는 일이었다.

예상대로 남학생 팀의 일방적인 공세에 여학생과 특수학급 친구가 속한 팀은 패스조차 제대로 이어가지 못하며 고전했다. 계속해서 골이 들어가지 않자 관중석에서 큰 함성이 터졌다. 남학생 팀이 공을 잡으면 "우~" 하는 야유가, 반대로 여학생 팀이 공을 잡으면 "와!" 하는 응원이 쏟아졌다. 승패를 떠나 약자의 도전에 마음을 보태는 아이들의 따뜻한 시선이 운동장을 가득 채우고 있었다.

특수학급 남학생이 슛 동작을 취하자, 소란스럽던 농구장은 순간 숨을 죽였다. '제발 들어가라'는 간절한 기도만이 공기를 채우는 듯했다. 공이 골망을 흔들자, 마치 국가대표 경기에서 결승골이 터진 듯 운동장이 떠나갈 듯한 함성이 울려 퍼졌다. 심지어 수능을 앞둔 고3 수험생들까지 창문 밖으로 고개를 내밀고 기쁨의 환호성을 질렀다.

경기는 예상대로 여학생 팀의 완패로 끝났다. 큰 점수 차이로 졌지만 내 마음은 그 어느 때보다 기쁘고 행복했다. 승패를 떠나 학교구성원 모두가 하나 되어 환호하고 기뻐하는 모습이 너무나 아름다웠기 때문이다. 무엇보다 특수학급 친구와 한 팀이 되어 열심히 뛰어준 여학생들이 정말 기특했다.

사연을 들어보니 어차피 꼴등일 것이 뻔하니, 평소 농구를 하고 싶어 하던 특수학급 친구와 함께 출전했다는 것이다. 그 마음이 어찌나 대견하고 자랑스러운지 시합이 끝난 후 학생들을 찾아가 연신 "최고였다", "정말 멋졌다"라고 칭찬을 아끼지 않았다. 경쟁에서 이기기 위한 것이 아닌, 느린 걸음에 기꺼이 속도를 맞춘 여학생들의 모습은 결과보다 빛나는 아름다운 동행이 무엇인지 일깨워주었다.

나는 학생자치회 담당선생님을 찾아가 말했다.

"1등, 2등, 3등 팀에게만 상품을 주지 말고, 오늘 우리를 행복하게 해 준 여학생 팀에게도 꼭 특별상을 주십시오. 예산이 없으면 교장 업무추진비를 써서라도 챙겨야 합니다."

오늘날 대중매체는 학교를 폭력과 갈등이 가득한 공간으로 묘사하곤 한다. 부정적인 사안들이 학교의 이미지를 잠식하는 현실에서도, 여전히 학교에는 이렇게 마음 따뜻한 아이들이 훨씬 더 많다는 사실을 잊지 말아야 한다.

지금 우리에게 필요한 것은 비난이나 걱정이 아니라, 조금 서투르더라도 학생들을 믿고 기다려주는 인내심이다. 아이들은 어른들이 신뢰를 보내는 만큼 성장하며, 그 신뢰의 토양 위에서 비로소 타인을 배려할 정서적 여유가 생긴다.

며칠 뒤, 농구 경기에 출전했던 여학생이 교장실을 찾아왔다. 학생은 감사 편지 한 통과 특별상으로 받은 치킨을 친구들과 즐겁게 먹는 사진 한 장을 내게 건넸다.

안녕하세요, 교장선생님!
특별한 농구 경기를 했던 2학년 2반 학생들입니다. 재미있게 봐주시고 응원해주신 덕분에 치킨 정말 맛있게 잘 먹었습니다. 잊지 못할 추억 만들어주셔서 정말 감사합니다.

참교육이란 수학 문제 하나를 더 풀게 하는 것이 아니다. 도움이 필요한 친구를 외면하지 않고 기꺼이 손을 맞잡는 용기를 가르치는 것이며, 그 아름다운 행동을 놓치지 않고 마땅히 격려해주는 것이다. 효율성과 경쟁이라는 시대적 흐름 속에서도 우리가 끝까지 포기하지 말아야 할 가치는 바로 사람에 대한 예의다. 타자를 환대하고 존재의 가치를 인정하는 학교 문화가 정착될 때, 학교는 비로소 모두가 안전하고 행복한 배움터가 될 것이다.

4. 금메달보다 더 값진 진수의 은메달

우리나라에서 고등학교 교장은 입시 결과로 리더십을 평가받는다. 안타까운 일이다. 해마다 학년말이 되면 명문대학에 몇 명을 진학시켰는지가 학교의 서열을 결정하는 성적표이다. 결과 중심의 사회적 평가는 교육의 본질을 과정이 아닌 성과에 묶어두는 족쇄가 되기도 한다.

그러나 학교 교육의 진정한 가치는 공부 잘하는 소수의 학생이 아니라, 자신의 한계를 넘기 위해 트랙 위에서 묵묵히 땀 흘리고 있는 수많은 학생에게서 찾아야 한다. 진수 이야기를 들려주고자 한다.

부산에서 열린 제106회 전국체육대회는 매우 각별한 의미가 있었다. 개교 이래 처음으로 우리 학교 학생인 진수가 경기도 육상 대표로 선발되었기 때문이다. 일반계 고등학교에서 전국 단위 대회에 선수를 내보내는 것은 매우 드문 일이었다. 더구나 진수는 어릴 때부터 운동을 해온 학생이 아니라, 고등학교 1학년이 되어서야 본격적으로 육상을 시작한 늦깎이 선수였다.

전국의 내로라하는 체육고등학교 엘리트 선수들 사이에서 진수는 놀라운 집중력을 발휘했다. 결승전은 비디오 판독을 거쳐야 할 만큼 간발의 차로 승부가 갈리는 접전이었다. 관중석에서 목이 터져라 응원하던 나는 경기 직후 진수에게 말했다.

"진수야, 정말 고생했다. 비록 금메달은 아쉽게 놓쳤지만, 너무 멋졌어."

그러나 진수의 대답이 나를 부끄럽게 했다.

"선생님, 저는 은메달을 딴 것만으로도 너무 기쁘고 행복합니다.

감사합니다."

순간 깨달았다. '아쉽다'라는 말은 평소 내가 무의식적으로 지니고 있던 결과 중심의 사고를 그대로 반영한 것이었다. 하지만 진수는 이미 결과를 넘어선 과정을 소중히 여기고 있었다.

스탠퍼드대학교 심리학과 교수 캐럴 드웩(Carol Dweck)은 지능이나 재능이 타고난 대로 고정되어 있다고 믿는 '고정 마인드셋(fixed mindset)'과, 노력과 훈련을 통해 능력이 발전할 수 있다고 믿는 '성장 마인드셋(growth mindset)'을 구분했다. '아이들의 지능이나 재능을 칭찬하는 것은 오히려 결과에 집착하게 만들고 도전을 두려워하게 한다. 리더는 결과가 아니라 학습자가 들인 노력, 전략, 그리고 끈기와 같은 과정을 칭찬해야 한다'고 강조했다.[55]

진수의 은메달은 실패가 아니라, 금메달을 향한 과정에서 '아직(not yet)'의 시간을 견뎌낸 값진 결실이었다. 캐럴 드웩 교수는 TED 강연에서 시카고의 한 고등학교 사례를 소개한다. 이 학교는 '낙제(fail)'라는 용어 대신 '아직 아님(not yet)'이라는 점수를 준다. 이는 학생에게 "나는 지금 노력 중이며 미래로 나아가는 중이다"라는 메시지를 전달한다.[56]

진수는 이를 배우지 않았더라도 이미 성장 마인드셋을 실천하고 있었다. 은메달에 만족하며 행복을 느낄 수 있었던 이유는, 그 결과가 자신의 가치를 결정짓는 최종 성적표가 아니라 그간의 노력이 맺은 값진 결실임을 알았기 때문이다.

경기 중 장내 아나운서는 진수를 향해 '운동을 시작한 지 1년 6개월 만에 이런 성과를 낸 것을 보니 육상에 천부적인 소질을 타고난 것이 분명하다'고 극찬했다. 그러나 이러한 평가는 고정 마인드셋의 함정이다. 재능을 극찬하는 것은 결과가 나쁘면 곧 재능이 없음을 탓하게 만드는 기제로 작용하기 때문이다. 나는 진수가 유난히 추웠던 지난 1월에도, 숨이 막히는 8월의 뙤약볕 아래서도 온몸이 땀으로 젖은 채 묵묵히 훈련했다는 사실을 잘 알고 있었다.

학교의 진정한 가치는 저마다의 꿈과 끼를 품은 채 각자의 트랙을 달리는 모든 아이를 위해 존재할 때 빛난다. 금메달보다 더 값진 은메달은, 결과가 아닌 과정에서 성장하는 학생의 얼굴에 깃든 환한 미소와 땀방울 속에 숨어 있다. 진수의 은메달은 단순한 성적표가 아니라, 교육이 지향해야 할 본질을 우리 모두에게 다시 일깨워준 소중한 메시지였다.

5. 학생이 가르쳐준 행복

출근하면 가장 먼저 창문을 활짝 연다. 밤새 묵혀 있던 실내의 탁한 공기를 상큼한 아침 공기로 바꾸려는 것이고, 퇴근 전까지 건강했던 꽃과 난초들이 밤새 별일 없이 잘 있었는지 살핀다. 그리고 나면 등교하는 학생들을 보기 위해 교장실 밖으로 나간다. 꽃을 아끼는 그 마음으로 우리 아이들의 등굣길을 살피기 위해서다.

"선생님, 안녕하세요!"

씩씩하게 얼른 다가와서 인사하는 아이가 반갑다. 잠이 덜 깬 졸린 눈으로 인사조차 잊은 채 비몽사몽 걸어오는 아이, 무엇보다 마주치는 아이들을 향해 나는 반갑게 인사를 건넨다.

점심시간이 되면 학교를 산책하면서 한 바퀴 돈다. 교실과 복도를 지나다니면 수다를 떠는 학생, 공부하는 학생, 부족한 잠을 청하는 학생, 운동장에서 축구하는 학생들로 요란스럽다. 흡사 시끌벅적한 수산시장 같기도 하다. 이상하게 교사 시절에는 보이지 않던 쓰레기가 교장이 되고 나자 눈에 더 잘 들어온다. 학생은 버리고 나는 줍는다.

오늘도 어김없이 복도에는 아이들이 마시다 버린 음료수 캔이 있었다. 나는 캔을 주워 들고 뒷짐을 진 채 계단을 올랐다. 그때 등 뒤에서 씩씩한 목소리가 들려왔다.

"교장선생님! 제가 버릴 테니 들고 계신 캔 저 주세요."

뒤를 돌아보니 훤칠한 남학생이 환하게 웃고 있었다.

"오호, 고맙구나. 괜찮아. 내가 버리면 돼."

나는 사양했지만 마음속으로 이 남학생을 칭찬하고 있었다.

'요즘 세상에 이런 학생도 있네? 인성도 훌륭한데 얼굴까지 잘생겼구나. 나중에 사위 삼으면 딱 좋겠는데?'

학생은 물러서지 않았다.

“아니에요. 제가 버릴게요. 저 주세요.”

기어이 내 손에서 쓰레기를 가져가는 아이의 손이 듬직했다. 나는 담임 선생님에게 이 학생의 행동을 알려주려고 학번과 이름을 물었다. 이렇게 멋진 녀석이 우리 학교 학생이라는 사실에 행복이 밀려왔다.

폴란드의 교육학자 야누슈 코르차크(Janusz Korczak)는 그의 저서 『아이를 사랑하는 방법』에서 이렇게 말했다. ‘교육자는 아이의 삶에 관여하는 특권을 가진 사람이다. 한 아이가 어제보다 오늘 더 정직해지고, 더 용감해지는 것을 곁에서 지켜보는 것보다 더 큰 영광은 없다.’[57]

행복의 기준은 사람마다 다르겠지만, 교육자가 느끼는 가장 숭고한 행복은 아이들이 성장하는 모습을 지켜볼 때 온다. 내 손에서 캔을 가져가며 ‘제가 버리겠다’고 말하는 학생의 당당함 속에서 아이의 성장과 사회의 희망을 보았다. 작은 행동 하나가 교사에게는 큰 울림이 된다. 그것은 쓰레기를 버린 행위에 앞서, 책임을 지려는 마음과 타인을 배려하는 태도의 표현이었기 때문이다.

오늘도 교장실 창문을 열고, 꽃을 살피며 아이들에게 인사를 건넨다. 그리고 여전히 복도의 쓰레기를 줍는다. 누군가는 교장이 그런 사소한 일까지 하냐고 물을지 모른다. 하지만 나는 야누슈 코르차크가 밀힌 특권을 포기할 수 없다. 아이들이 어제보다 조금 더 따뜻한 어른으로 성장하는 그 기적 같은 순간을 놓치고 싶지 않기 때문이다. 교육자의 행복은 거창한 성과에서 오는 것이 아니라, 아이들의 작은 성장과 따뜻한 마음에서 비롯된다.

6. 가장 아름다운 대학 합격 통지서

'우리 학교 고3, 전원 합격의 신화를 썼다.' 이 문구만 보면 사람들은 흔히 'SKY'라 불리는 명문대 진학 실적을 떠올릴지도 모른다. 그러나 이번 기록의 주인공은 우리 학교 특수학급 학생 네 명이었다. 졸업을 앞둔 이들이 모두 각자의 진로를 찾아 진학에 성공했다는 기적 같은 소식이다.

그림을 그릴 때 가장 행복해하던 여준이는 ○○대학교 에이블아트학과에 당당히 합격했다. 이제 여준이는 좋아하는 그림을 마음껏 캔버스에 펼칠 수 있게 되었다. 특수학급 학생의 4년제 대학 합격은 우리 학교 개교 이래 최초의 경사였다.

발표 이후 그애는 기분이 아주 좋을 때만 쓰던 빨간 모자를 매일 쓰고 등교하고 있었다. 사실 2학기 내내 '저 정말 대학 가고 싶어요'라며 입시 스트레스를 토로했는데, 이제 멀리서 빨간 모자만 보여도 선생님들은 이미 '아, 우리 여준이가 정말 행복하구나!'라는 걸 알아서 미소를 짓곤 한다.

윤수, 호준, 서준이 또한 치열한 경쟁을 뚫고 특수학교 전공과에 합격했다. 사회에 나가기 선, 원하는 직업 교육을 제대로 받을 수 있는 귀한 시간을 얻게 된 것이다. 전공과는 정식 학위 과정은 아니지만, 고교 졸업 후 2년간 집중적인 직업 훈련을 통해 자립의 힘을 기르는 소중한 시간이 될 것이다. 정원이 한정되어 있어 일반 대학 못지않게 경쟁이 치열한데, 그 어려운 과정을 아이들 스스로의 힘으로 해내었다.

이 모든 기적 뒤에는 특수학급 선생님의 눈물겨운 노력이 숨어 있었다. 일반계 고교의 입시 지도보다 더 까다로운 면접 준비를 위해 선생님은 매일 아이들과 함께했다. 아이들이 손에 쥔 합격증은 사실 선생님의 헌신이 빚어낸 결과라고 해도 과언이 아니다.

안타깝게 우리나라 특수교육의 현실은 열악하다. 가장 큰 문제는 고등학교 졸업 이후 갈 곳이 마땅치 않다는 점이다. 중증장애 학생들은 취업을 꿈꾸는 것조차 사치인 경우가 많고, 경중 학생들 역시 졸업과 동시에 사회에서 고립되어 집 안에 머물거나 복지시설을 전전하는 경우가 허다하다.

졸업이 곧 사회적 단절을 의미하는 현실에서, 아이들의 전원 진학 소식은 그 무엇보다 값지고 기쁜 일이었다. 어느 학교에 입학했다는 결과가 아니라, 아이들이 세상 속으로 한 발짝 더 당당히 내디딜 수 있는 희망의 사다리를 붙잡았다는 의미였다.

합격 소식 이후 우리 학교는 '○○시 장애인협회'에서 '시의회 의장상'을 받았다. 상장에는 '귀 학교는 평소 장애인의 건강과 행복 증신을 위하여 적극적으로 노력했다'라는 문구가 선명했다. 지역 사회가 특

수학급 졸업생 전원 합격의 공로를 인정해 학교가 기관 표창을 받을
수 있었다.

　내가 대표로 상을 받을 때, 수줍게 웃고 있는 특수반 아이들의 얼
굴이 떠올랐다. 사실 이 상의 진정한 주인은 남들보다 조금 느린 속도
로 그러나 한 번도 멈추지 않고 걸어온 네 명의 아이들이었다. 또한
그 걸음걸이에 맞춰 무릎을 굽히며 눈을 맞춰 준 특수반 선생님이었
다. 나는 그저 그 노력이 빚어낸 결실을 모두를 대표해서 들어 올렸을
뿐이었다.

　누군가 '겨우 네 명'이냐고 말할지도 모른다. 그러나 네 명이든 사
백 명이든, 단 한 명의 아이도 소외되지 않고 자신만의 고유한 빛을 낼
수 있도록 돕는 것이 학교가 존재하는 이유이다.

　다가올 졸업식 날, 나는 단상에서 여준, 윤수, 호준, 서준이의 이름
을 평소보다 더 크고 또렷하게 부를 작정이다. 건강하게 고등학교 3년
을 마친 아이들의 대견함을 축하하고, 그 곁을 눈물과 기도로 지켜온
부모님의 노고에 깊은 존경을 표할 것이다. 또한 기적의 발판을 마련
해 준 선생님께도 뜨거운 감사를 드릴 것이다.

　졸업식은 비장애 학생들만의 전유물이 아니다. 올해 졸업생 180
명 중 특수학급 학생은 단 네 명뿐이었다. 전체의 3%도 안 되는 작은
숫자지만, 우리는 이 아이들의 존재를 소중히 여겨야 했다. 그들 또한
우리 학교가 정성을 다해 가르친, 세상 그 누구보다 자랑스러운 우리
아이들이었다. 작지만 강한 네 명의 발걸음이 세상을 향해 더 멀리 뻗

어 나가길 진심으로 응원한다.

7. 기꺼이 배경이 되어준 분들에게 감사하기를

이 책의 마지막 장을 덮으며, 어떤 문장으로 마침표를 찍어야 할지 오래도록 고민했습니다. 결국 교장이기 전에 한 사람의 교육자로서, 제 삶의 가장 큰 화두이자 우리 아이들에게 꼭 들려주고 싶었던 진심을 꺼내놓기로 했습니다.

안도현 시인의 소설 『연어』에 나오는 '그래. 존재한다는 것, 그것은 나 아닌 것들의 배경이 된다는 뜻이지'라는 문장을 참 좋아합니다. 별을 더욱 빛나게 하는 까만 하늘처럼, 꽃을 돋보이게 하는 무던 땅처럼, 누군가의 성장을 위해 기꺼이 배경이 되어주는 삶이야말로 우리 아이들이 품어야 할 가장 아름다운 모습이라고 믿기 때문입니다.

이제 막 세상이라는 거친 강물로 나아가는 제자들에게, 그동안 여러분 곁에는 수많은 배경이 있었음을, 그리고 이제는 여러분이 누군가의 든든한 배경이 될 차례임을 이야기해 주고 싶었습니다. 교문 너머 세상을 향해 첫발을 내딛던 졸업식 날, 제가 사랑하는 고3 학생들에게 건넸던 그날의 축사를 이곳에 소개합니다.

사랑하는 졸업생 여러분, 그리고 오늘 이 영광스러운 자리를 빛내주신 학부모님과 내빈 여러분, 안녕하십니까?

오늘은 졸업생 여러분이 인생의 한 장을 마무리하고 새로운 장을 시작하는 뜻깊은 날입니다. 이 뜻깊은 날에 180명의 졸업생을 ○○고등학교 교직원 모두의 진심을 담아 축하합니다. 아울러 지난 3년간 물심양면으로 자녀를 뒷바라지해주신 학부모님과 사랑으로 제자들을 가르쳐주신 선생님들의 노고에도 깊은 존경과 감사의 말씀을 드립니다.

여러분, 혹시 마음속에 '완벽하게 해내지 못하면 실패한 것이다'라는 두려움을 갖고 있지는 않습니까? 만약 그렇다면 그것은 잘못된 생각입니다. 세상의 모든 위대한 발명품은 수많은 실수와 실패, 그리고 그것을 딛고 일어선 꿋꿋한 의지에서 탄생했습니다. 실패는 끝이 아니라, 더 잘할 수 있는 기회를 주는 과정일 뿐입니다. 그러니 실패해도 절대로 여러분이 가진 꿈을 포기하지 마십시오.

"존재한다는 것은 나 아닌 것들의 배경이 된다는 뜻이다."

'연탄재 함부로 발로 차지 마라'로 잘 알려진 안도현 시인의 말입니다. 여러분이 오늘 이 자리에 이토록 멋지고 건강하게 설 수 있었던 것은 그동안 부모님과 친구들, 그리고 선생님들이 기꺼이 여러분의 든든한 배경이 되어주었기 때문입니다.

하지만 이제부터는 졸업생 여러분이 다른 누군가의 배경이 되어주시길 부탁드립니다. 그러기 위해서는 힘이 필요합니다. 이 힘은 좋은 대학이나 물질적 풍요만을 뜻하지 않습니다. 아시아 여성 최초로 노벨 문학상을 수상한 한강 작가처럼, 누가 알아주지 않아도 자신이 사랑하는 것을 끝까지 포기하지 않는 사람, 그래서 스스로에게 떳떳한 사람만이 타인에게 따뜻한 배경이 되어줄 수 있습니다.

교장이 졸업생 여러분에게 하고 싶은 말은 바로 이것입니다. 비록 주어진 상황이 힘들고 남들보다 조금 늦게 가더라도 포기하지 않고 묵묵히 걸어간다면, 여러분의 꿈은 언젠가 반드시 현실이 될 것입니다.

끝으로, 내 이름이 마음에 들지 않으면 바꿀 수 있습니다. 하지만 여러분이 ○○고등학교 졸업생이라는 사실은 영원히 바뀌지 않습니다.

사회에 나가서도 ○○고등학교 졸업생답게 기죽지 말고 어깨를 당당히 펴며, 여러분이 품은 그 멋진 꿈을 펼쳐나가길 바랍니다.

여러분 앞에 펼쳐질 찬란한 미래를 응원합니다. 감사합니다.

따뜻한 말은
마침표가 없습니다

상대의 마음을 움직여 행동하게 만드는 일은 결코 쉽지 않습니다. 우리는 종종 화려한 미사여구를 동원해 말을 하지만, 그런 세련된 기술만으로는 사람의 마음을 얻을 수 없습니다. 결국 마음을 여는 열쇠는 말하는 이의 진심이 담긴 말의 무게에 있습니다. 그리고 그 무게는 말하는 이가 평소 보여주는 삶의 태도에서 드러납니다. 진실된 삶이 뒷받침된 말은 상대의 내면에 깊이 뿌리를 내립니다.

특히 아이들을 가르치는 교육자에게 말의 무게와 품격은 무엇보다 엄중한 의미를 갖습니다. 학교 현장에서 교육자가 건네는 말은 단순한 지식의 전달이 아닙니다. 그것은 학생들의 삶에 지대한 영향을 끼치며, 교장과 교사가 어떤 태도로 말을 하느냐에 따라 학교는 행복을 꿈꾸는 배움터가 되기노 하고, 누군가에게는 견디기 힘든 절망의 공간이 되기도 합니다. 결국 학교의 공기는 그 구성원들이 주고받는 언어의 온도로 결정됩니다.

제가 말의 중요성을 뼈저리게 깨달은 것은 교육청 근무 시절이었습니다. 당시 수많은 교육정책이 '학생의 성장을 위한다'는 명분 아래 수립되고 시행되는 과정을 지켜보았습니다. 보고서에는 그럴싸한 문구들이 가득했지만, 아무리 훌륭한 정책이라도 현장교사의 마음을 얻지 못하면 실패한다는 사실을 목격했습니다. 정책의 언어가 교사의 자발성을 이끌어내지 못할 때, 그것은 교육을 바꾸는 힘이 아니라 행정적 짐에 불과했습니다.

교장으로 부임해 보낸 지난 3년은 그 깨달음을 확신으로 바꾸어 주었습니다. 리더의 말이 얼마나 중요한지, 그 무게가 얼마나 무거운지 매일 절감했습니다. 학교 조직의 방향을 설정하고 구성원의 마음을 움직이는 힘은 결국 리더의 언어에서 나왔습니다. 우리나라 교육이 바뀌려면, 그 출발점은 교장의 언어가 바뀌는 데 있습니다. 교장이 교사를 전문가로 존중하고 신뢰하는 언어를 사용할 때, 교사들도 아이들에게 따뜻한 말을 건넬 마음의 여유를 갖게 됩니다.

불편하지만 마주해야 할 현실이 있습니다. 교장 한 사람의 진심 어린 노력만으로도 학교는 충분히 바뀔 수 있다는 사실입니다. 이는 교장에게 주어진 권한과 책임이 그만큼 크다는 뜻입니다. 제가 이 책을 통해 줄곧 강조한 핵심은, 아무리 훌륭한 교육 정책이라도 교사의 마음을 움직이지 못한다면 결코 성공할 수 없다는 것입니다.

그렇기에 이 책은 학교의 모든 리더를 위해 쓰였습니다. 학교에서의 리더는 교장만을 뜻하지 않습니다. 교실에서 아이들과 눈을 맞추며 인생을 나누는 교사 또한 아이들에게 리더입니다. 따라서 이 책은 교장뿐 아니라 교감, 교사, 학부모, 그리고 교육 정책을 입안하는 분들 모두가 함께 읽어야 할 이야기입니다. 학교라는 울타리 안에서 진정한 변화와 성장을 꿈꾸는 분들에게, 이 책에 담긴 저의 고민이 작은 해답이 되기를 바랍니다.

글을 맺으며 한 가지 고백을 드립니다. 혹여 저와 함께 근무했던 선생님들 중에는 '책 속의 교장 모습과 실제 모습은 다르다'고 말하는 분도 계실 것입니다. 그것은 당연한 일입니다. 저 역시 불완전한 인간이기에 생각과 의지만큼 행동이 따라주지 못한 때도 있었고, 학교 교육과정 또한 뜻대로 움직이지 않을 때가 있었습니다. 그러나 단언할 수 있는 것은, 제가 선생님들과 학생들, 학부모님을 대하며 건넸던 말과 행동은 언제나 진실했다는 사실입니다. 부족함은 있었을지언정 결코 꾸며낸 것이 아니었습니다.

지금 이 순간에도 끊임없이 성장하려 노력합니다. 어제보다 조금 더 따뜻한 말을 건넬 수 있는 리더가 되기 위해, 매일 학교 정문을 오르며 스스로를 돌아봅니다. 마치 물 위에 이름을 새기듯 금세 사라질지라도, 매 순간 정성을 다해 가장 아름다운 말을 건네려 애씁니다.

저의 작은 깨달음과 기록들이 밑거름이 되어, 우리나라 모든 학교가 차가운 경쟁이 아닌 따뜻한 배움이 살아 숨 쉬는 행복한 터전이 되기를 간절히 꿈꿉니다.

이 책이 세상의 빛을 볼 수 있도록 도와주신 고마운 분들이 있습니다.

2015년 가을, 교사 독서 모임에서 신형철 작가의 『정확한 사랑의 실험』을 읽었습니다. 그 프롤로그에 '나보다 더 내 글을 귀하게 여기는 이를 만나 함께 책을 만드는 일의 행복은 글 쓰며 사는 이에게 주어진 과분한 특혜다'라는 문장을 접하고, 언젠가 나도 그런 분을 만나 책을 출간하고 싶다는 희망을 품었습니다. 그리고 정확히 10년 후, 운명처럼 강영란 대표님을 만났습니다. 대표님은 아직 부족함이 많은 제 글을 저보다 더 아끼고 귀하게 여겨주셨습니다. 투박한 원고가 대표님의 따뜻한 안목으로 비로소 한 권의 책으로 탄생했습니다. 제 꿈을 현실로 만들어주신 강영란 대표님께 깊은 감사를 드립니다.

또한 저를 믿고 묵묵히 지지해준 세상에서 가장 사랑스러운 아내와 딸, 두 사람의 든든한 응원이 있었기에 이 책이 세상의 빛을 볼 수 있었습니다. 제 남은 생은 오롯이 두 사람의 행복을 위해 살겠습니다.

마지막으로, 유난히 겁이 많은 우리 가족을 위해 먼저 길을 떠나신 분이 있습니다. 하늘나라에서 멋진 행복의 터를 일구고 우리를 기다리고 계실, 제가 세상에서 가장 존경하는 형님께 이 책을 바칩니다.

（주）

■ 1장

1)   토드 휘태커(Todd Whitaker), 『훌륭한 교장은 무엇이 다른가』 지식의날개, 2022.
2)   악셀 호네트(Axel Honneth), 『인정투쟁』 사월의책, 2011.
3)   괴테(Johann Wolfgang von Goethe), 『빌헬름 마이스터의 수업시대 2』 민음사, 1999.
4)   김성효, 『교사의 말 연습』 빅피시, 2023.
5)   조유경, '교권침해 피해교사들의 심리적 외상과 상담을 통한 회복 경험', 이화여자대학교 대학원, 박사학위논문, 2020.
6)   파커 J. 파머(Parker J. Palmer), 『가르칠 수 있는 용기』 한문화, 2008.
7)   Andy Hargreaves, 「Emotional geographies of teaching」 Teachers College Record, Vol. 103, No. 6, 2001.(구글 확인: 2026.01.04.)
8)   Elliot Eisner, 'The Art and Craft of Teaching', Educational Leadership, Vol. 40, No. 4, 1983. (구글 확인: 2026.01.04.)
9)   토마스 리코나(Thomas Lickona), 『자녀와 학생들을 올바르게 기르기 위한 도덕교육』 교육과학사, 1995.
10) https://www.mckinsey.com/industries/education/our-insights/how-the-worlds-best-performing-school-systems-come-out-on-top(확인: 2026.01.04.)

■ 2장

11) 에리히 프롬(Erich Fromm), 『자유로부터의 도피』 휴머니스트, 2020.
12) 사이먼 사이넥, 『리더 디퍼런트』 세계사, 2023.
13) https://www.inc.com/eric-schurenberg/sir-richard-branson-put-your-staff-first-customerssecond-and-shareholders-third.html(확인 : 2026.01.04.)
14) 데일 카네기(Dale Carnegie), 『데일 카네기 인간관계론』 현대지성, 2019.
15) https://www.goodreads.com/quotes/243429-do-a-little-bit-of-good-wherever-you-are-its(확인 : 2026.01.04.)
16) 원문은 다음과 같다. "개인은 자기 이해, 자기 개념의 변화, 태도 및 자기 주도적 행동을 변화시킬 수 있는 방대한 자원을 내면에 가지고 있다. 그리고 촉진적인 심리적 태도라는 명확한 기후가 제공되면, 이러한 자원들은 충분히 활용될 수 있다."(번역서는 칼 로저스(Carl Rogers), 『사람 중심 상담』 학지사, 2007. 참고)
17) 에리히 프롬(Erich Fromm), 『사랑의 기술』 문예출판사, 2019.
18) https://harrypotter.fandom.com/wiki/Sirius_Black(확인 : 2026.01.04.)

■ 3장

19) Howard Gardner, 『Multiple Intelligences: The Theory in Practice』 Basic Books, 1993.
20) 오강남 풀이, 『장자』 현암사, 2003.

21) 다니엘 페낙(Daniel Pennac), 『학교의 슬픔』 문학동네, 2014.
22) https://www.ted.com/talks/rita_pierson_every_kid_needs_a_champion(확인 : 2026.01.04.)
23) 오남강 풀이 (2003).
24) 신영복, 『더불어 숲』 돌베개, 2003.
25) 파커 J. 파머 (2008).
26) 존 스타인벡, 에세이 「Like People Thinking They Had Fire」(1955). https://www.rjgeib.com/thoughts/truth/on-teaching.html(확인 : 2026.01.04.)
27) 로버트 캐슬런 2세(Robert L. Caslen, JR) 외, 『인성의 힘』 리더스북, 2021.

■ 4장
28) 조너선 레이먼드(Jonathan Raymond), 『좋은 권위』 한스미디어, 2017.
29) 리즈 와이즈먼(Liz Wiseman), 『멀티플라이어』 한국경제신문, 2019.
30) 조너선 레이먼드 (2017).
31) 토드 휘태커 (2022).
32) Nel Noddings, 『Caring: A Feminine Approach to Ethics and Moral Education』 University of California Press, 2003.
33) 아리스토텔레스, 『수사학/시학』 숲, 2017.
34) 파커 J. 파머 (2008).
35) 손웅정, 『모든 것은 기본에서 시작한다』 수오서재, 2021.

■ 5장
36) 서정현, 『리더의 언어력』 파지트, 2025
37) 케빈 머리(Kevin Murray), 『어떻게 따르게 만들 것인가』 어크로스, 2012.
38) 은서기, 『언어가 리더를 만든다』 넥서스BIZ, 2022.
39) 서정현, (2025).
40) 이기주, 『말의 품격』 황소북스, 2017.
41) https://www.nytimes.com/2016/02/28/magazine/what-google-learned-from-its-quest-to-buildthe-perfect-team.html
42) 폴 마르시아노(Paul Marciano), 『존중하라』 처음북스, 2013.
43) 은서기, (2022).
44) 존 듀이(John Dewey), 『민주주의와 교육』 교육과학사, 2007.
45) 케빈 머리(Kevin Murray), 『어떻게 따르게 만들 것인가』 어크로스, 2012.
46) 서정현 (2025).
47) 스티븐 코비(Stephen R. Covey), 『성공하는 사람들의 7가지 습관』 김영사, 2023.

48) 유사한 표현으로 논어 위정편에 나오는 '이청득심(以聽得心)'이 있다.

49) 이 표현은 레이먼드 프레이저가 『멋진 신세계』의 작가 올더스 헉슬리를 인터뷰하면서 말이다. "그는 다른 사람이 말할 때는 참을성 있게 들었고 답을 할 때는 신중하게 했다." 파리 리뷰, 『작가란 무엇인가』, 다른, 2022.

50) 제임스 쿠제스 (James M. Kouzes), 배리 포스너(Barry Z. Posner), 『리더십 챌린지』, 이담북스, 2018.

51) 마고 모렐(Margot Morrell), 스테파니 캐파렐(Stephanie Capparell), 『새클턴의 위대한 리더십』, 미다스북스, 2024.

52) 존 맥스웰(John C. Maxwell), 『리더십의 21가지 법칙』, 비즈니스북스, 2023.

■ 6장

53) 파울루 프레이리(Paulo Freire), 『페다고지』, 한마당, 1995.

54) (TED): How to escape education's death valley(Sir Ken Robinson). 확인 : 2026.01.04.

55) 캐럴 드웩(Dweck, Carol S.), 『마인드셋』, 스몰빅라이프, 2023.

56) http://www.ted.com(검색어 : carol dweck)

57) 야누슈 코르차크의 『아이를 사랑하는 방법』은 다음 사이트(폴란드의 공익 디지털 도서관)에서 원문을 볼 수 있다. https://wolnelektury.pl/katalog/lektura/dziecko-w-rodzinie.html(확인 : 2026.01.04.)